나를 담은 집 —— 나를 닮은 인테리어

나를 담은 집 ──── 나를 닮은 인테리어

HERS 편집부 지음

박승희 옮김

즐거운상상

"집 구경 좀 할 수 있을까요?"

잡지 〈HERS〉 창간 이래 수백 채의 집을 방문할 수 있었습니다. 그때의 귀한 경험을 통해 알게 된 것은 인테리어에는 '사람의 마음'이 고스란히 담겨있다는 사실입니다.

책장을 통해 엿볼 수 있는 호기심, 아름다운 그릇을 아끼는 마음, 가구 선택에서 느껴지는 함께 사는 사람에 대한 배려. 이런 '마음'이 곳곳에 깃들어 있어야만 아늑하고 행복한 공간이 만들어집니다. 단순히 보기 좋은 가구들만 들여놓는다고 좋은 집이 되는 건 아니죠.

인생을 좀 더 즐기고, 함께 사는 사람을 최대한 배려하고, 집을 사랑하며 살아보세요. 그러면 집이 큰 힘이 되어 당신을 응원해 줄 것입니다. 그렇게 멋있게 케미가 잘 들어맞는 경우를 많이 봐왔습니다.

멋진 11명의 아름다운 집을 비롯해 자신을 사랑하는 자기만의 공간, 삶에 힘을 실어주는 리모델링과 남다른 생활 방식 등. 어떤 요령만 가지고는 만들 수 없는, 그곳에 사는 사람의 '마음'이 느껴지는 행복한 공간을 보여드립니다. 이 책을 선택한 여러분의 삶에 도움이 되었으면 좋겠습니다.

- HERS 편집부

· CONTENTS ·

| PROLOGUE | "집 구경 좀 할 수 있을까요?" | 7 |

CHAPTER 1
11인의 집

HOUSE 1	만들고, 먹고, 즐긴다 설렘 가득한 키친	12
HOUSE 2	오래된 집을 리노베이션 3대가 이어지는 집	16
HOUSE 3	좋아하는 것은 모두 이 주방에	20
HOUSE 4	도전하지 않으면 집은 점점 녹슬어버려요	26
HOUSE 5	일과 삶이 자연스럽게 녹아드는 편안한 집	32
HOUSE 6	셰어하우스를 꿈꾸며 차근차근 준비하고 있어요	38
HOUSE 7	최소한의 인테리어로 '얽매임 없는 삶'을	44
HOUSE 8	근대 건축의 멋과 깔끔함을 동시에 즐긴다	50
HOUSE 9	대담한 곡선을 더해 낮고 넓게 산다	56
HOUSE 10	아이가 미술품과 함께 자랄 수 있는 집	62
HOUSE 11	카페 같은 주방에서 일상을 즐기는 집	68
COLUMN 1	선반에는 주인의 개성이 담겨 있다	72
COLUMN 2	러그와 쿠션으로 포인트를 주다	74

CHAPTER 2
식물 라이프

BIG PLANTS	큰 화분이 있어 마음이 편해진다	78
BIG PLANTS	키우기 쉬운 휘카스 계열	82
MINI PLANTS	미니 화분 장식하는 법	84
BOXING GARDEN	가든 박스로 할 수 있는 것들	86
EASY GARDEN	누구나 할 수 있는 그린 인테리어	88
WINDOW GARDEN	방에서 보이는 풍경을 내 손으로 만든다	90
COLUMN 3	한 송이 꽃을 가볍게 즐길 수 있는 아이디어	92

CHAPTER 3
작지만 특별한 '마이 스페이스'

높이 조절이 가능한 스툴	96
다이닝의 라이팅 뷰로	97
다이닝의 워킹 스페이스	98
드라이 에어리어 앞	98
주방에 둔 의자 하나	99
색깔로 영역을 나누다	100
로프트를 아틀리에로	100
이동 가능한 다용도 테이블	101
COLUMN 4 허둥대지 않고 웰컴 세팅하는 법	102

CHAPTER 4
아름다운 백스테이지, 옷장

	주방, 드레스룸, 파우더룸으로 이어지는 아이디어 공간	106
	패션은 나의 인생, 투명한 수납으로 찾기 쉽고 소중하게	110
	고민 끝에 완성한 캐주얼한 드레스룸은 집에서 가장 좋아하는 곳	114
	옷가게 스타일의 상자+선반 수납으로 쾌적한 옷장	116
	큰 주얼리 박스로 아끼는 물건을 보이도록 수납	118
	소품 수납	122
	시스템 옷장의 현재	124
COLUMN 5	철물의 마법	128

CHAPTER 5
나를 위한 리노베이션

REFORM CASE 1	생활 공간을 원룸으로! 편하고 활동적인 라이프 스타일	132
REFORM CASE 2	정든 집을 카페 스타일로 리모델링 친구들과 같이 즐길 수 있는 집	136
REFORM CASE 3	반려견 때문에 대충 살고 싶지 않다 자연 소재의 집에서 개도 사람도 쾌적하게	138
REFORM CASE 4	전문가의 힘과 DIY로 좋아하는 색상과 수납으로	142
REFORM CASE 5	모자이크 타일이 아름다운 다기능 키친	143
REFORM CASE 6	너무 새것 같은 느낌이 싫어서 프렌치 빈티지풍 선반으로 리모델링	144
REFORM CASE	전문가가 이야기하는 후회없는 리노베이션	146
COLUMN 6	리메이크를 즐기다	148
COLUMN 7	에너지와 힐링을 주는 미술품	150

CHAPTER 6
새로운 주거 방식

NEW LIFESTYLE 1	현관까지 따로 만든 각자의 공간 그래도 저녁식사는 함께	154
NEW LIFESTYLE 2	소울메이트와의 13년 동거는 정말 귀한 경험이었죠	156
NEW LIFESTYLE 3	빌딩의 원룸을 개조해서 재미있는 삶을 시도	158
COLUMN 8	집 한 모퉁이의 작은 배려	160

INTERIOR SHOP GUIDE	라이프 스타일에 맞춰 토탈 코디네이션이 가능한 곳	162
	'빈티지 느낌'도 중요한 테마	164
	인테리어 맞춤 숍	166

EPILOGUE	지금, 집을 업데이트하는 중입니다	168

지금까지 수백 채가 넘는 집을 둘러본 후 특별히 마음에 남았던 11인의 집을 소개합니다. 인테리어도 생활 방식도 고정관념에 얽매이지 않고, 자기만의 'JOY OF LIFE' 조각들로 가득 채운 독창적인 공간이에요.
인테리어 비법 뿐 아니라 인생을 어떤 식으로 살고 싶은지 각자의 생각까지 고스란히 전해집니다.

CHAPTER

1

11인의 집

HOUSE 1

만들고, 먹고, 즐긴다
설렘 가득한 키친

고보리 키요미 씨

인기 카페 레스토랑 〈LIKE LIKE KITCHEN〉을 운영했고 지금은 같은 이름의 요리 교실을 꾸려가고 있다. 잡지 등 미디어를 통해 활약 중. 자칭 '요리를 공부하는 사람'. 모토는 즐겁게! 지은 책으로 《파스타 정식》, 《스푼으로 만드는 간식》 등이 있다.

가구와 벽지를 활용해 빈티지풍의 임대 아파트를 꿈이 있는 공간으로. LD 한쪽에 작업대를 놓고 세미 키친으로도 이용. 왼쪽의 오픈 선반은 덴마크 한스 J. 웨그너의 빈티지 제품. 반려견 모아나와 함께.

1. 상판과 다리를 조합해 만든 데생 책상. 높이를 조절할 수 있어 작업대로도, 많은 인원의 식사 공간으로도 자유롭게 사용할 수 있다.
2. 주방 한쪽의 냉장고 자리였던 곳을 조금 손봤다. 갈색 쓰레기통(앞)과 와인셀러에 상판을 올려 간단한 작업을 할 수 있는 나만의 공간으로.

결혼 후 22년간 11번 이사했고 현재 이 집은 주거 공간 겸 요리 교실로 쓰고 있다. 일과 프라이버시가 느슨하게 이어지는 독창적인 공간으로 학생들 사이에서도 호평이 자자하다.

"임대주택이기 때문에 집에 밋밋한 느낌을 없애려면 가구로 입체감을 줘야 해요. 약간 들쭉날쭉한 레이아웃도 멋있거든요. 가구 사용법과 배치 장소도 자유롭게 정해요. 침실에 있던 것을 거실로 옮기는 등 유연성 있게 활용하죠."

데생 책상 2개를 나란히 붙인 거실의 작업대는 주방의 보조 테이블로도 쓴다. 여럿이 어울려 음식 재료를 밑 손질하거나 뷔페 테이블로 쓰는 등 마음껏 '만들고 먹고 즐기는' 장소다.

집 꾸미는 센스를 어떻게 연마하는지 비결을 묻자 "동경의 대상을 갖는 거죠. 여행지에서 본 가게나 호텔의 색감과 레이아웃, 바닥재 까는 방식 등 멋있다고 느낀 것은 잊지 않고 사진을 찍어 간직해요."

그것을 맘속에만 담아두지 않고 작은 공간부터 시도해본다. 그로 인해 축적된 결과물들이 이런 편안함을 만드는 듯하다.

· MEMO ·

벽면을 가득 채운 책장은 〈하이 휴테 쇼토(HAY hutte - 松濤)〉에서 주문 제작. 도쿄도 시부야구 쇼토 2-13-1 쇼토 하우스 202 🏠 hayhutte.com 고보리 씨의 가구 대부분은 20세기 빈티지 제품. 〈루카 스칸디나비아〉(P162) 등에서도 취급.

1. 작업대 맞은편에 있는 다이닝 공간. 식탁 의자를 하나로 통일하지 않고 웨그너, 핀 율, 알토, 임즈의 명작을 콜렉션한 방식도 재미있다. 색깔별로 정리한 책도 멋있는 인테리어 포인트.
2. 전부터 쓰던 긴 소파. 의도적으로 집의 중앙이 아닌 한쪽 구석에 배치했는데 의외로 편안한 느낌이 나는 것 같다.
3. 미색 디테일이 사랑스러운 주방. 정돈된 여백과 안주인을 닮은 주방 제품과 소품이 적당한 밸런스를 이루고 있다.
4. 주방에는 필요한 물건뿐 아니라 재미있는 장식도 무심히 가져다 놓았다. 벽에는 타일을 붙이고 안길이가 얕은 선반을. 향신료와 함께 둔 그림은 집주인의 작품.

HOUSE 2

오래된 집을 리노베이션 3대가 이어지는 집

가타오카 유코 씨

은행에서 근무하다가 전업주부로. 요리를 좋아해서 남편이 주재원으로 근무하던 홍콩에서는 현지 주부에게, 벨기에에서는 왕립요리학교에서 요리를 배웠다. <NPO 법인 가마쿠라 가이드협회>에서 연수를 받고 여행업계에서도 활약하고 있다.

남편이 해외 근무를 마치고 귀국할 때, 70대 후반인 시부모님을 어떻게 모실지가 고민이었다. "부모님의 아파트가 저층이기는 했지만, 계단이 있어서 나중을 생각하면 불안했어요."

2대가 함께 살 수 있고 화장실과 주방이 따로 갖추어진 적당한 크기의 집을 찾기란 쉽지 않았다. 그때 시부모님 댁 근처에 소형 아파트가 들어선다는 이야기가 돌았다.

"이 집을 우리가 물려받고 부모님은 관리하기 편한 신축 아파트로 옮겨 가까이 살게 되었어요."

시부모님의 25년 묵은 짐을 새집으로 옮길 것과 물려받을 것, 버릴 것으로 나누는 일부터 시작했다. 동시에 리노베이션도 시작했다.

가타오카 씨가 특별히 원했던 '카페 같은 주방'에는 시아버지가 수집해온 동냄비를 멋스럽게 장식했다. 식탁도 시부모님이 애용하던 것. 대를 이어 사는 집에 소중한 추억까지 간직하고 있으니 부모님도 스스럼없이 이 집을 방문하게 되는 것 같다.

(위) 〈가마쿠라 시 농협 직판장〉에서 함께 쇼핑. 도심의 별 달린 레스토랑 셰프도 다닌다는 인기 명소.
(왼쪽 페이지) 온종일 머물러도 편안한 주방. 30여 년 전 시아버지가 독일에서 구입한 식탁에 앉아 담소를 나누고 있는 시어머니와 딸. 시아버지는 안타깝게도 이사 계획 중에 타계하셨지만 시어머니와 두 손녀는 함께 해외여행을 다닐 정도로 사이가 좋다.

1. 좋아하는 것들로 가득한 주방의 한쪽 코너는 가타오카 씨가 제일 좋아하는 자리. 서재도 되고 라운지도 된다. 자연광이 들어오는 낮에도, 조명을 켠 밤에도 아늑한 장소다.

2. 아늑한 주방을 위해 눈에 띄지 않는 곳에 손쉽게 수납할 수 있는 공간을 많이 만들었다. 오른쪽의 오픈 선반에는 냄비류를. 왼쪽에 보이는 벽 안에는 3면을 둘러싼 오픈 선반형 팬트리를 설치했다.

3. 가족들이 "할아버지가 느껴진다"고 말하는 코너. 고재를 사용한 선반에 시아버지가 수집하고 애용했던 동냄비와 화분을 함께 장식했다.

"저와 시아버지는 좋아하는 게 비슷하고 이야기도 잘 통했어요." 모던한 방에 시아버지로부터 물려받은 민예 가구를.

1. 런던에서 구입한 사이드 테이블. 시아버지의 가구와 분위기가 닮았다. 단풍 철쭉을 심플하게 꽂았다. 창은 존재감을 드러내지 않기 위해 깔끔한 버티컬 블라인드로.
2. 이사할 때 구입한 것은 L자로 구성된 후클라(HUKLA)의 소파와 주방 스툴뿐. 조명은 다운 라이트와 스폿으로 깔끔하게.

· MEMO ·

25년 된 벽식 구조(하중을 벽으로 받음) 건물이라 대대적 구조 변경은 불가능. 최우선은 다이닝 키친→키친으로의 변경. 팬트리를 포함한 주방에 들인 비용은 약 470만 엔. 그 외에는 약 20만 엔/㎡. 플랜 결정까지 약 3개월. 공사 기간 약 3개월. 디자인 시공/CRAFT 🏠 www.craftdesign.co.jp

공간의 주인공인 카운터. 교실로 쓸 때는 작업대로, 혼자 레시피를 연구할 때는 책상으로. 〈IKEA〉에서 구입. 좌면(座面)이 나무로 된 스툴은 빈티지 제품.

HOUSE
3

좋아하는 것은 모두 이 주방에

살보 교코 씨

요리연구가. 대대로 료칸을 운영하는 집안에서 태어나 요리가인 숙모에게 요리를 배운 후 프랑스로 이주. 파리 〈호텔 드 크리용(Hôtel de Crillon)〉에서 연수 및 근무하다가 귀국. 우에노 마리코 씨, 아리모토 요코 씨를 서포트하다가 현재 요리교실 운영 중.

🏠 www.kyokosalbot.com 　 instagram@kyokosalbo.

"아이들과 함께 하던 생활에서 차츰 벗어나 저만의 삶을 살게 되었어요."라고 말하는 살보 씨.

"육아 중에도 저희 집 주방에서 요리와 관련된 일을 했었지만, 이제는 저만의 시간과 공간을 가지고 보다 적극적으로 직업으로서의 요리를 하기 위해 집에서 차로 30분 거리에 있는 이 집을 빌렸어요."

외국인용으로 건축된 아파트라서 주방이 매우 넓다. 따로 손보지 않아도 요리 교실을 열 수 있는 좋은 조건이었다고.

"저희 집에는 앤티크 가구가 많아서, 이곳은 기분도 전환할 겸 심플하게 꾸몄어요. 그릇과 요리 도구, 책, 화분이 조화를 이루는 코너를 곳곳에 만들어 편안한 분위기를 만들었죠."

명실상부한 그녀의 성(城)이지만, 실은 저렴한 아이템과 핸드메이드도 다수다. 물건을 조화롭게 배치할 줄 아는 뛰어난 감각을 가진 인기 요리연구가의 센스가 빛나는 공간이다.

1. 스테인리스 냉장고 옆면에 심플한 후크를 붙이고 직접 만든 앞치마를. 세련된 컬러 덕분에 인테리어 효과도 있다.
2. 주방 수납장의 일부는 문을 떼어내 오픈형으로. 기성품 슬라이드 랙을 넣어 자주 쓰는 볼과 스텐 밧드류를.

1. 〈IKEA〉 카운터 뒤에도 〈DJ 랙〉을. 즐겨 사용하는 냄비 등의 조리 기구로 공간을 꾸미는 것은 주방이기에 누릴 수 있는 즐거움.
2. 살보 씨의 아이디어가 빛나는 DIY 선반. 두툼한 삼나무 판 2개를 양쪽의 벽돌이 받치고 있다. 공구도 수고도 필요치 않아 간편하면서도, 자연 소재의 질감으로 분위기 있는 코너를 만들고 있다.
3. 가볍게 한 잔 즐길 수 있는 분위기로 만들었다. 성인이 된 두 아들이 이곳에 가끔 들러 함께 식사를 하기도 한다. 와인 잔은 쌓아서 보관 가능한 타입.

· **M E M O** ·

작업대로도 쓰고 있는 카운터(P20)는 〈IKEA〉의 아일랜드 키친 〈스텐스토르프(STENSTORP)〉 (W126×D79×H90cm, ¥47,990(세금 포함). 스툴이 있는 반대편은 2단 오픈 수납 공간으로 사용. 아이디어를 어떻게 내느냐에 따라 독창적인 코너를 만들 수 있는 아이템. 벽돌에 얹은 삼나무 판은 고재(古材)를 양도받은 것.

그릇류는 손님들도 넣고 뺄 수 있도록 오픈. 선반은 70Kg(1단) 하중을 견딜 수 있는 〈DJ 랙〉. 린넨 테이블 크로스를 커튼으로. 화분은 스탠드 위에 올려 바닥을 여유롭게.

1. 교육 장소로도 활용하는 다이닝. 테이블은 〈IKEA〉 작은 사이즈(폭 117.5 × 안길이 73.5㎝) 3개를 나란히. 1열로 또는 ㄷ자형으로 자유롭게 변형. 의자는 집에서 가지고 온 앤티크 제품들을 일부러 짝이 맞지 않게 배열하여 재미를 더했다.
2. 주방에도 몇 개의 화분을 놓거나 매달아 장식. 바쁜 요리연구가에게 힘이 되어주는 편안한 공간이다. "시간이 아까워서, 냄비를 불에 올려놓는 동안 여기에 스툴을 가지고 와 책을 읽기도 해요."

HOUSE
4

도전하지 않으면 집은 점점 녹슬어버려요

가타야나기 레이코 씨

인테리어 데코레이터. 남편의 파견 근무로 30대 때부터 암스테르담에서 7년, 시카고에서 2년간 살았다. 손님 접대할 기회가 많아 테이블과 인테리어 코디네이트 테크닉을 익혀 전문가로 변신. 가족은 남편과 반려견 2마리.

'마감재는 분위기를 결정하는 중요한 요소'라는 생각에 벽은 물론이고 바닥까지 연한 그레이로 칠했다. 빈티지 가구가 깔끔해 보이는 효과를 노린 것. 전부터 수집해 온 오래된 의자에 맞춰 3m 정도의 식탁을 주문. 손님이 많이 와도 OK.

집은 인생을 즐기기 위해 있는 것. 완벽을 추구하지 말고 가볍게 즐기는 것이 좋다는 가타야나기 씨.

"지나치게 정형화되거나 무난하고 단정한 패션이 사람을 늙어 보이게 하는 것처럼 인테리어도 그렇지 않나 생각해요. 벽지 하나도 실패하면 어쩌나 하는 생각에 자기 취향을 억누르고 흰 벽지를 고르는 분이 많아요. 하지만 그 정도 실패는 인생에서 사소한 것이죠(웃음). 도전하지 않으면 집은 점점 녹슬어버려요."

25년 된 아파트를 리노베이션하면서 원했던 것은 신축처럼 만드는 안티에이징이 아니라 시간을 내 편으로 만든 운치 있는 빈티지 스타일.

"조금 오래된 가구와 피식 웃음이 나는 소품들이 뜻밖의 화학 반응을 일으킬 때가 있어 재미있어요. 틀에 박힌 방식으로는 얻을 수 없는 안정감을 주기도 하죠. 앞으로도 조금씩 손봐가며 그때그때 기분에 어울리는 집을 유지할 생각이에요."

발코니에서는 사가미 만이 한눈에 보인다. "주말 별장인 이 집과 자동차로 약 1시간 거리에 있는 도시의 집을 오가며 지내고 있어요. 하지만 가까운 미래에 남편과 함께 파리에서 사는 게 꿈이에요." 정착은 아직 먼 훗날의 일인 듯 홀가분하게 살고 있다.

거실에는 〈오르네 드 포이유(Orne de Feuilles)〉의 암체어. 3인용 소파를 두는 것보다 집이 넓어 보이고 앉는 사람들 간에 적당한 거리감이 있어 편안하다. 강렬한 인상의 쿠션이 포인트.

1. "귀 오브제는 남편을 비롯한 남자들에게는 인기가 없어요(웃음). 하지만 〈아스티에 드 빌라트(ASTIER de VILLATTE)〉 그릇과 나란히 놓으면 우아한 느낌이 들죠." 어떻게 조합하느냐에 따라 표정이 달라진다.
2. 콤포트(굽 달린 접시)에는 감귤류와 함께 특별한 관리가 필요 없는 에어 플랜트를.

1. "좋아하는 물건들이 즐거움과 에너지를 주지만, 과하지 않도록 집에 여백을 두는 게 중요해요."
2. 콘솔처럼 보이는 것은 철재 다리와 고재 상판으로 만든 간이 테이블 2개를 쌓은 것. 분리해 베란다에서 사용할 때도 많다.

· MEMO ·

식탁 의자는 〈Found〉. 러그는 〈오르네 드 포이유〉. 쿠션은 〈바자 에 가르드 망제(Bazar et Garde-Manger)〉. 아스티에 드 빌라트 그릇은 〈H.P.DECO〉. 액자를 대신하는 오래된 창호(사진 왼쪽)는 〈오카엔·하야마(桜花園·葉山)〉. 프랑스 테이블 웨어(앤티크 포함)와 인테리어 소품은 메구로 거리의 〈마무르(M'amour)〉도 인기.

주방 카운터는 빈티지풍의 거친 질감으로 도장한 것. 3.5m 정도로, 손님을 많이 초대할 때는 큰 요리 접시와 글라스를 놓고 뷔페식으로 즐긴다.

HOUSE 5

일과 삶이 자연스럽게 녹아드는 편안한 집

이시카와 게이코 씨

설계사무소 〈FILE〉의 오너 디자이너. 사는 사람의 취향과 생활에 맞춘 편안한 공간을 만들고자 1991년 창업. 이후 주문 제작(custom made) 가구와 공간 디자인 일을 했고 세심한 주방 디자인이 인기를 끌었다. 교토 출신의 미식가이기도 하다.

남편과 반려견과 함께 사는 이시카와 씨. 미팅 공간을 겸하는 LDK. 자료 등의 업무 상 도구는 책장(왼쪽 페이지)에 정리했다. 월넛 가구, 하얗게 칠한 벽, 고급스러운 패브릭의 시크한 코디네이트. 반려견이 미끄러지지 않도록 타일을 깐 바닥은 난방 시설 완비.

과거 메구로 거리에 3개의 매장을 갖고 있던 이시카와 씨는 자택이 매장과 가깝기는 했지만 연일 격무에 시달렸다. 앞만 보고 달리다가는 놓치고 사는 게 많지 않을까 생각하던 차에 한적한 주택가의 단독주택을 만나게 되었다.

'이 집에서의 생활을 온전히 즐겨보면 어떨까? 주방이든 뭐든 우리가 추구하는 리얼한 모습을 다채롭게 보여준다면 일에서도 더 나은 성과를 얻지 않을까?'라고 생각한 것. 그런 직감을 쫓아 매장을 정리하고, 자택 겸 쇼룸에서 시작한 지금의 생활은 매우 평온하다고 한다.

"예전엔 일에 휘둘리며 살았다면 지금은 삶 속에 일이 있어요. 일어나는 시간, 식사 시간, 잠자리에 드는 시간이 일정하도록 일을 배분하는 리듬도 만들었어요.

그리고 업무와는 별개로, 집을 보여주고 손님을 초대해 많은 사람과 친밀한 관계를 쌓으며 살고 싶어요. 그런 마음을 가지고 있으면 선물처럼 더 즐거운 상황이 따라올지도 모르니까요."

널찍한 LD. 2개의 식탁, 1인용 의자, 소파 등 앉을 자리가 많은 것이 매력이다.

1. 주방 한구석에 높이 92cm의 카운터에 맞는 65cm의 스툴을 놓아 나만의 공간으로. 정원이 마주 보이는 기분 좋은 장소.
2. 주방에 있는 자잘한 물건은 서랍의 정해진 위치에. 왼쪽은 타파에 넣은 건조식품류. 오른쪽은 커트러리.
3. "식생활은 삶의 중심이므로 주방의 질을 높이면 생활 전체의 질도 높아집니다."
조리 기구, 가전, 그릇 등을 전체적으로 점검한 후 동선을 배려하여 세심한 수납 계획을 세운 주방. 식탁은 큰 것과 작은 것 2개. 차나 가벼운 식사는 창가의 작은 테이블에서. 기분 전환에도 좋다.

1. 티크제 주문 제작 가구로 꾸민 부부 침실. 천장 높이의 슬라이드 도어 안쪽은 옷장.
2. 서랍장 겸 책상의 서랍 중 하나에는 무인양품 주얼리 케이스. 장신구를 보기 좋게 수납할 수 있는 구조다.
3. 침대 헤드를 겸하는 제작 가구의 뒤쪽 수납 공간. 니트류 상의는 슬라이드식 오픈 선반에.
4. 서랍을 열면 나오는 접이식 다리미판.

· MEMO ·

물건의 자리를 정해 적재적소에 설치한 제작 가구로 집을 꾸며 편안함을 준다. 아침에 일어나면 가장 먼저 청소로 집과 마음을 정돈하고 하루를 시작한다는 이시카와 씨. 제작 가구에 물건을 전부 수납할 수 있어 청소도 쉽다고 한다.

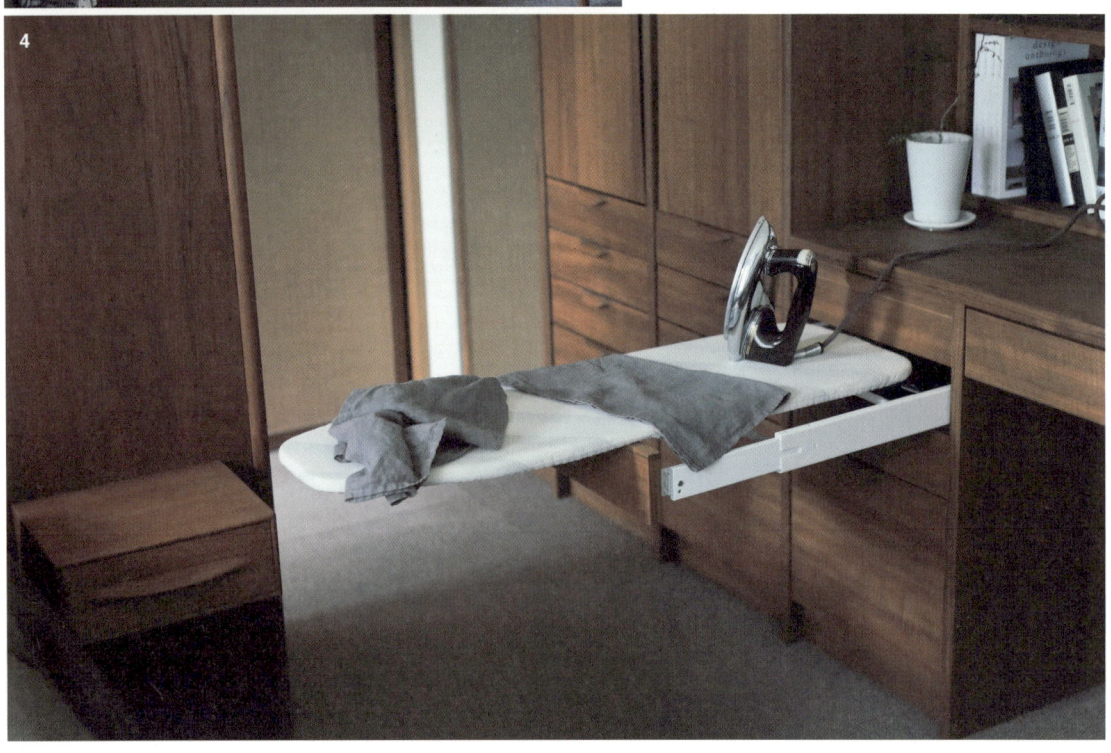

1. 침실의 서랍장 겸 책상. 느긋하게 쉴 수 있도록 간접 조명을 달았다.
2. 자랑하고 싶은 멋진 화장실. 흰색 × 블루그레이의 깔끔한 배색에 바닥 타일이 포인트이다.

HOUSE 6

셰어하우스를 꿈꾸며 차근차근 준비하고 있어요

에바토 레이코 씨

〈폰나레트(PONNALET)〉 대표. 라오스와 캄보디아의 수직(手織) 천과 오리지널 전통 의상 옷감, 소품을 제작해 일본 전역의 갤러리 등에 소개하고 있다.

사가미 만이 보이는 남쪽으로 큰 창을 낸 다이닝 공간.

1. "영화 상영회를 할 때 극장처럼 단차가 생기도록 높이가 다른 작은 의자를 50개 준비했어요." 오른쪽 앞줄은 〈IKEA〉의 스툴. 30개 정도 구입해 몇 개의 다리를 직접 잘랐더니 의자 높이가 달라졌다.
※ 앞 줄 중앙에는 이 집을 설계한 나카무라 씨 작품인 피크닉 의자. 다리를 분리해 가지고 다닐 수 있다.
2. 하야마 〈KURAKURA〉에서 구입한 그릇에 다과를.

· MEMO ·

에바토 씨가 대량 구매한 것은 〈IKEA〉의 스툴 '프로스타'. 천 엔 정도면 살 수 있고, 포개서 쌓을 수 있으므로 좁은 공간에 여러 개를 수납할 수 있다.
앉기도 하고 사이드 테이블이나 장식 받침대로도 사용한다.

때가 되면 하야마에서 살고 싶다는 생각에 주말마다 부모님과 땅을 보러 다녔다는 에바토 씨.

"저도 아버지도 부동산에 관심이 많아서 드라이브 겸 하야마에 가는 걸 좋아했어요. 그런데 갑자기 아버지가 건강이 나빠져 입원하면서 요양원 신세를 지게 되었어요. 공간도 서비스도 획일적이었고 자존심에 상처를 줄 수 있는 시설도 있더군요. 앞으로의 생활에 대해 생각하는 계기가 되었죠."

그 후 하야마의 고지대에 위치한 이 땅을 만나게 되었고 서둘러 집 짓기에 들어갔다.

"처음부터 단순한 세컨드 하우스가 아니길 바랐어요. 친구의 개인전이나 영화 상영회 등을 하며 공간을 셰어하고 늘 새롭게 변신하는 집을 만들고 싶었죠. 그런데 아버지 병 간호를 하면서, 경험이 풍부한 중장년층이 자신의 특기를 공유할 수 있는 셰어하우스를 만들면 좋겠다는 방향으로 꿈이 커졌어요. 아버지도 여기서 건강을 회복하셨죠. 환경이 사람을 살린다는 걸 절감하게 되었어요."

1. 아담하지만 편안한 거실. 벤치 소파는 등받이를 떼어내면 침대로, 행사 때는 디스플레이 공간으로도 쓴다. 대나무 숲이 보이는 풍경도 멋진 인테리어. 겨울에는 벽난로도 즐길 수 있다.
2. 라오스의 초목 염색을 한 전통 의상. 캄보디아와 라오스의 옛날 천을 패치워크한 오비.

다이닝 키친과 이어지는 우드 데크 테라스.
자연과 호흡할 수 있는 장소다.

1. 1층의 남쪽 개구부는 목제 미닫이문. 정원과 산, 멀리 쇼난 바다까지 하나로 이어지는 느낌을 준다. 사람에게도 자연에게도 활짝 열려 있는 집. 설계는 《집을 순례하다》, 《집을 생각한다》를 쓴 세계적인 건축가 나카무라 요시후미.
2. 우물에 빗물을 모아두었다가 퍼올려 정원에 뿌린다. 태양광 발전은 자택의 전력을 조달할 뿐만 아니라 월 1만 엔의 소득도 올려준다. 화창한 날에도 비 오는 날에도 조용히 제 몫의 일을 하는 집.

HOUSE
7

최소한의 인테리어로 '얽매임 없는 삶'을

마쓰우라 미호 씨

헤어 살롱 〈트위기(TWIGGY)〉의 오너 스타일리스트. 살롱 업무와 더불어 잡지, 광고, 쇼 등에서 폭넓게 활동. 인간이 본래부터 지니고 있는 자연치유력에 착안한 헤어 케어 제품도 개발. 인생의 유한함을 깨닫고 심플하게 사는 것은 본인뿐만 아니라 주변 사람에게도 행복을 줍니다."

거실에도 테라스에도 러그를. 가구는 최소한으로 줄이고 공간을 최대한 활용하는 노마드적인 생활.(왼쪽 페이지)
"물건을 주인처럼 떠받들고 신경 쓰며 살기보다는 자유롭게 움직일 수 있는 공간으로 만들고 싶었어요." 앞쪽에 깐 러그는 모로코에서 산 실크 앤티크 제품. 오래 쓸수록 촉감이 좋아져 점점 더 애착이 간다. (오른쪽 페이지)

"25년 전, 런던에서 태어난 큰 아들을 데리고 세 가족이 귀국했을 때 우리 짐은 여행용 가방 하나가 전부였어요."

가구는 현지에서 처분했다 치더라도, 필요한 물건이 이 정도 밖에 안 된다는 사실에 놀랐다고 한다.

"몇 년 전, 이제 집을 살 때가 되었다는 생각을 할 때쯤 이 집을 만났어요. 외국인용으로 지은 임대주택인데, 정형화되지 않은 느슨한 설계와 우거진 나무들을 보고 첫눈에 반했어요. 이 집의 정원은 저를 정직하게 만들어줘요. 어느 정도 나이가 들면 여전히 소유물을 늘리고 싶어 하는 사람과 물건을 남기지 않고 가벼워지길 원하는 사람의 비율이 반반이 되는 것 같아요. 저는 가진 것이 많아지면 그것을 지키려는 마음 때문에 변화가 두려워지더라고요.

물건에 가치를 두기보다 장소와 시간을 가족과 친구와 나누는 게 훨씬 멋진 삶이라 생각해요.

그래서 집에는 정말 아끼는 물건들만 남겼어요. 아마도 평생 옮겨 다니며 살 것 같으니 가볍게 가지고 다닐 수 있는 범위 내에서만요."

가족이나 동료들과의 연주 모임도 일상적인 커뮤니케이션.

"우리 집 별명은 '일본의 카오산 로드(전세계 배낭여행객이 모여드는 태국의 여행 경유지)'. 외국 친구들도 편안함을 느끼는지 예고 없이 들르기도 합니다." 모두 함께 어울릴 수 있는 오픈된 리빙 다이닝 공간이지만 부부 각자의 자리도 있다.

1. PC로 피로해진 눈을 잠시 쉴 수 있는 출창은 남편이 제일 좋아하는 워크 스페이스.
2. 창 밖의 나무들을 볼 수 있는 이 자리는 마쓰우라 씨의 힐링 장소.
3. 천갈이를 하며 30여 년간 애용한 덕분에 저절로 빈티지가 된 가구.

· MEMO ·

마쓰우라 씨 집의 카펫은 현지에서 구한 것. 지금은 똑같은 것을 찾기 어렵다. 일본에서 다수의 러그를 볼 수 있는 곳은 〈페르시아 재팬〉 쇼룸 (간다). 정통 페르시아 양탄자와 함께 카펫, 가베 등을 5천 여점 구비하고 있다.

1. 여행하듯 살고 싶어서 미술품은 여행의 단편들로. 계단 옆에는 치앙라이의 직물과 미얀마의 승려가 신에게 제물을 바치는 그릇.
2. 온 가족이 사막을 여행했던 때의 사진을 거실에.

1. "목욕은 저에게 최고의 사치를 즐기는 시간 중 하나예요." 욕조 옆에는 섬세한 잎을 가진 에버그린. 남편이 추천하는 책을 스툴에 놓아두었다.
2. 식물은 매달거나 바닥에 두는 등 입체적으로. 히노끼 들통은 마쓰우라 씨의 애용품.

1층 현관. 바닥재는 보르도 파인 원목판(무도장). 우연히도 좋아하는 와인 산지와 같다.

HOUSE
8

근대 건축의 멋과 깔끔함을 동시에 즐긴다

히라노 유키코 씨

요리전문가. 일본 소믈리에협회 인증 소믈리에, 와인 바 〈8 huit〉(오오이마치) 오너. 2017년 프랑스 정부로부터 농업공로훈장 슈발리에 훈장 수훈. 와인 페어링을 즐길 수 있는 요리 교실 운영. 저서 《히라노 유키코의 와인이 맛있어지는 레시피》도 호평.

음식에 대한 취향이 20대 때와 달라지듯 편안함을 느끼는 공간도 변한다는 히라노 씨. "오래되었지만 아름다운 집이 좋아요."

히라노 씨가 몇 년 전부터 살고 있는 집은 다이쇼 시대(1912년 7월 30일~1926년 12월 25일 - 옮긴이)에 지어진 80년도 더 된 건물. 조합주택으로 재탄생한다는 신문 기사를 보고 이사를 결정했다.

"유럽에서는 오래된 건물의 상흔조차 아름다움으로 간주합니다만, 아시아에서는 아직 깨끗함이 더 중요하죠. 규약 범위 내에서 당시의 분위기를 손상시키지 않도록 벽과 천장은 흰색으로 칠하고, 바닥은 앤티크풍 원목재로 마감했어요."

해묵을수록 멋이 더해지는 고급스럽고 과묵한 소재. 오랜 세월을 견뎌온 평화로운 정적이 감도는 귀한 집이다.

"건물의 운치를 음미하면서도, 작업 공간으로 쓰는 주방에는 최신기기를 들여 실생활의 편리함도 업데이트했어요. 좋은 시간을 축적해가는 것이야말로 인생도 집도 멋있게 나이 드는 방법일 테니까요."

LDK가 있는 2층. 흰색으로 통일된 공간은 병원 같은 느낌을 주므로 푸른 기가 없는 약간 크리미한 흰색을 골랐다. 단조롭게 보이지 않도록 미세하게 톤을 바꾸어 3가지 흰색으로 벽, 몰딩, 주방의 문을 다르게 칠했다. 이 건물은 일본 근대 건축의 기초를 세운 다케다 고이치가 설계한 것으로 원래는 학생 기숙사였다.

1. 컬러를 최소한으로 줄인 주방. 가스레인지에 뚜껑을 덮으면 깔끔하다.
2. 〈아스티에 드 빌라트(ASTIER de VILLATTE)〉의 접시와 아오키 료타의 볼 등.
3. 예뻐 보이려는 욕심을 채우기 위한 쓸데없는 과시는 하지 않는다. 장식 계단에는 집에서 만든 과일주를.
4. 아치형 창이 '르쿠르제'와 잘 어울리도록 냄비 선반도 아치형으로.
5. 심플하면서도 세련된 요리로 인기. '르쿠르제'를 사용한 요리의 1인자이기도 하다.

1. 1층 현관. 은은한 빛 그림자는 회반죽 등을 칠한 벽만이 갖는 매력.
2. 다이쇼 시대의 일본산 식탁. "건물과 같은 시대 제품이라 분위기가 닮았어요. 파리나 런던의 앤티크보다 더 잘 어울려요." 익스텐션(확장) 기능도 있다.
3. 이 집에 오래전부터 있던 세면볼. 다이쇼 시대에 창업한 〈동도기기(현 (TOTO)〉. 이 집의 보물이다.

· MEMO ·

다이쇼 시대의 식탁은 미나미 아오야마의 〈오코넬즈(O'Connell's)〉에서 구입한 것. 고가구를 취급하는 가게로, 요즘 화제가 되고 있는 곳은 〈pejite〉(→ P165)와 〈니헤이(仁平) 고가구점. 상태 좋은 물건들이 구비되어 있다.

1. 운치 있는 아치 창. 야외 초록이들의 아름다운 엑자 구실을 힌다. 창의 형태를 바꾸지 않고 기밀성과 조작성을 높여 특별히 주문한 것.
2. 계단과의 사이에 벽을 따로 설치하지 않고 해묵은 느낌의 난간을. 옛날 제품은 아니고 집에 어울리도록 신경 써 특별히 주문한 제품.
3. 1층의 프라이빗 공간. 창밖의 녹음에 둘러싸인 듯한 방. 친구가 선물한 의자는 커버가 화려해서 퍼를 덮어 애용하고 있다.

HOUSE
9

대담한 곡선을 더해
낮고 넓게 산다

발레리 바이시 씨

프랑스 요리의 거장 조엘 호뷔숑(Joel Robuchon)과 요리 연구가 피에르 에르메(PIERRE HERMÉ)의 제자가 되어 요리를 배웠다. 푸드, 공간 콘셉트의 디자인, 이벤트 기획 일을 하고 있다. 파리의 트렌드 리더 중 한 명.

벽 한 면에 대담하게 커브를 그리는 디자인의 책장.
그녀의 호기심 넘치는 인테리어다.

음식 트렌드를 선도하는 유명한 동네의 아파트에 사는 발레리. 인테리어에서 중요한 것은 집을 아름답게 보이게 하는 '비율'이라고 그녀는 말한다.

"낮은 가구를 이용해 천장이 높아 보이도록 만드는 것은 미적인 관점에서도, 안락함의 차원에서도 중요하다고 생각해요."

이 집 가구의 대부분은 디자이너였던 그녀의 할아버지가 만든 것으로, 파리의 고급 주택가 16구에 있는 발레리의 본가에서 사용하던 것이다. 가족의 역사가 새겨져 있는 가구에 자유로운 감각을 더해 주는 것은 그녀가 직접 디자인한 낮은 소파와 대담한 곡선의 책장, 그리고 모던 아트 같은 조명이다.

"무엇에든 한계를 두고 싶지 않아요."라고 말하는 발레리. 여유롭게 흐르는 듯한 곡선과 높이와 넓이를 느끼게 하는 인테리어 감각. 어디로 향할지 모르는 그녀의 마음을 매일 다잡아주는 중요한 장치인지도 모르겠다.

일하는 공간을 갖춘 아파트에서 혼자 사는 발레리. 그녀의 패션 철학은 아름다운 선과 너무 어려 보이지 않는 디자인. 인테리어도 패션도 장르를 초월해 일관된 의지로 만들어내는 듯하다.

· MEMO ·

귀한 가구를 물려받아 대대로 사용하려면 수선과 관리가 필수. 가키노키자카의 〈피즈 리페어 웍스〉(→P166)에서는 경험 많은 스태프가 명작 의자 등 다양한 명품을 수선하고 있다. 발레리 씨 집의 마루는 헤링본으로 깔려있는데 일본에서도 헤링본이 다시 인기다.

1. 16구의 본가(오른쪽)와 신부 차림을 한 발레리의 어머니와 함께 있는 할아버지의 사진.
2. 현관홀에는 할아버지가 직접 만든 의자와 게임 테이블. 유성처럼 섬세한 조명은 그녀의 디자인.
3. 나뭇등걸 위에 둔 아름다운 여인의 조각도 할아버지로부터 물려받은 것.
4. 동남아 여행 때 발견한 나무 오브제를 북 스탠드로. '누군가와 같음'이 아닌 오리지널리티에 가치를 두는 발레리.
5. 발레리의 어머니가 어렸을 적에 친구를 집으로 초대할 수 있도록 할아버지가 만들어준 어린이용 의자. "품질이 매우 좋고, 어머니와 저를 이어주는 소중한 물건이에요."

침실에는 쓸데없는 물건을 두지 않고 낮고 편안하게 쉬며 에너지 충전.

1. 거실 한쪽의 유니크한 낮은 소파에서 사랑하는 고양이와. "큰 화분을 놓았더니 마치 나무 그늘에 앉아있는 것 같아 제가 좋아하는 장소예요."
2.3. 요리사인 할머니의 영향을 받아 음식과 관련된 일을 중심으로 자신의 세계를 넓혀왔다. 지금도 주방은 다양한 아이디어의 원천. 작은 테이블도 그녀에게는 소중하다. "어떤 것에 흥미가 생기면 그 분야의 1인자를 찾아가 많은 것을 배웠어요."

HOUSE 10

아이가 미술품과 함께 자랄 수 있는 집

소피 레뷔 씨

파리에서 인기 있는 액세서리 브랜드 〈레 비쥬 드 소피(LES BIJ-OUX DE SOPHIE)〉의 디자이너. 자기가 하고 싶은 액세서리를 찾다가 독학으로 디자인을 공부해 브랜드를 만들었다. 인테리어 소품도 취급하는 〈비쥬 드 소피 프레젠트〉도.

소피가 앉아있는 소파는 프랑스 브랜드 〈roche bobois(로쉐 보보아)〉. 네이비 색 소파는 이탈리아의 〈카펠리니(Cappellini)〉. 중앙의 타원형 테이블에는 어린이용 작은 의자도 있다.

파리의 문화 발상지라고도 불리는 생 루이 섬. 원래 17세기 귀족을 위한 건물로 지어졌던 아파트에는 디자이너인 소피가 고른 물건들이 정교하게 진열되어 있다. 각각의 물건들이 호응을 이루며 매력적이고 독창적인 공간을 만들어낸다.

"빛을 중립적으로 반사하는 순백색의 벽을 베이스로 하고, 지금껏 제 인생에서 만난 오브제와 가구들로 놀이하듯 공간을 꾸몄어요. 인테리어도 패션도 지나치게 통일된 것에는 매력을 못 느껴요. 오래된 것과 새로운 것, 여성적인 것과 남성적인 것 등 상반되는 것을 자유롭게 믹스하는 것이 자신을 표현하는 가장 좋은 방법이니까요.

컬러풀한 쿠션과 담요, 여러 잡화 등은 그날의 기분에 따라 바꿔가며 즐겨요. 부드러운 톤 안에서 몇 가지 컬러를 조합하지만 전체적으로는 온화하고 부드러운 인상을 중시합니다."

1. 아이방을 겸한 '살롱 루즈'. 아이가 가장 좋아하는 곳은 글러브 모양의 소파. 가구가 검정, 그레이, 베이지와 같은 억제된 컬러지만 벽을 붉은 색으로 칠해 재미있는 분위기로 연출했다. 칸막이는 아일린 그레이(Eileen Gray)의 디자인.
2. 벽난로 위의 작은 공간에도 아름다운 데코레이션.

· MEMO ·

거실 소파는 〈Roche Bobois (로쉐 보보아)〉. 이 브랜드의 클래식 라인을 볼 수 있는 전문점 〈Roche Bobois TOKYO Nouveaux Classiques〉는 시부야구 진구마에에 있다.

1. 침실 창가의 빛이 쏟아져 들어오는 코너 벽에는 패션의 완성 단계에 빠져서는 안 되는 액세서리와 전신 거울. 벽난로 위는 미술품 코너. 기분이 좋아지는 힐링 장소.
2. 소피의 작품도 들어 있는 액세서리.
3. 침실의 왼쪽 문 안은 욕실. 이곳의 인테리어도 품위 있다.

CHAPTER 1 | 11인의 집

거실 창가에는 빈티지 천으로 랩핑한 의자. 서랍장은 1950년대, 가죽 돼지 발받침대는 1940년대 제품. 개성 있는 것들로 채워진 재밌는 코너이다.

1. 현관홀의 야자수를 본뜬 조명은 벨기에 앤트워프에서 발견한 1930년대 제품.
2. 빈티지 천을 패치워크한 독창적인 쿠션과 담요. 모던한 소파를 자기만의 취향으로.
3. 이야기가 있는 리모주 도자기 식기류. 직접 디자인한 것.
4. "어렸을 때 좋아하던 의자가 있었어요. 그래서 벼룩시장이나 골동품점에 가면 어린이용 의자를 즐겨 찾아 보곤 해요." 아이가 다 자란 후에는 장식용으로도 쓰고 낮은 테이블로도 쓴다.
5. 거실 코너 벽면은 아티스트가 그린 레뷔 가족의 캐리커처로 장식.

HOUSE 11

카페 같은 주방에서
일상을 즐기는 집

나카무라 에리코 씨

후지 TV에서 아나운서로 활약하다가 화장품 회사 대표 샤를 에두아르 바르트 씨와 결혼해 파리로 이주. 1남 2녀의 어머니로 바쁜 일상을 보내고 있다. 책을 쓰고 TV, 잡지 등을 통해 파리의 문화와 생활을 알리고 있다.

ㄷ자 형태의 시스템 키친, 식기와 냄비류는 서랍식 수납장에 넣었기 때문에 밖에서는 보이지 않아 깔끔하다. 레트로풍 포스터는 바르트 씨가 모스크바 유학 시절과 상하이 가족 여행 때 산 추억의 물건. 그것들이 오래된 프랑스 초상화와 함께 코디네이트되어 있다.

· **MEMO** ·

생동감이 느껴지고 미술품을 돋보이게 하는 컬러 벽. 미묘한 차이가 있는 고급스러운 색상으로 영국산 〈FARROW & BALL〉은 총 132색. 일본에서 페인트를 찾는다면 〈컬러웍스〉의 오리지널 'Hip'은 전체 1488색. 그 중에는 미니 사이즈(200㎖)가 있는 색도 있다.

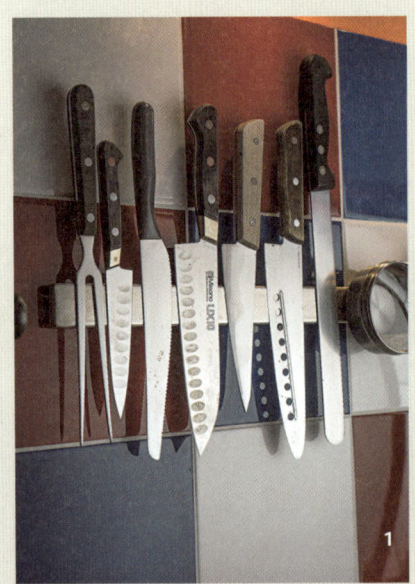

"프랑스에서는 저희 집처럼 임대한 주택도 대규모 리노베이션을 하는 경우가 많아요. 이 아파트에서 산 지 10년이 넘었기 때문에 주방의 문제점도 해결할 겸 항상 새로운 기분으로 지내고 싶어 주방을 대폭 개조했어요.

특히 신경 쓴 것은 컬러예요. 이전 주방은 빨강과 흰색이었는데, 다양한 도료 샘플을 사서 실제로 조금씩 발라봤어요. 결론은 저의 최애 컬러인 오렌지를 테마 컬러로 정했죠. 일상에 에너지를 주는 색이에요.

내친김에 기회다 싶어 IKEA의 시스템 키친도 들였어요. 세세한 부분까지 치수를 재고 매장을 여러 번 방문한 보람이 있어 만족스럽게 완성되었어요. 생각해보면 하루 중 가장 긴 시간을 보내는 곳이 주방이에요.

낮이면 볕이 잘 들고 겨울에도 밝고 따뜻해서 이곳에서 집안일도 하고 메일도 쓰고 아이들 숙제도 해요. 친구와 식사할 때도 인원이 적으면 다이닝이 아닌 주방에서 하죠. 말하자면 모두에게 편안한 장소랍니다."

1. 바르트 씨가 아키하바라의 상점에서 산 물건과 에리코 씨가 일본에 있을 때부터 애용하던 칼 등. 자석으로 고정.
2. 스위스 브랜드 〈JURA〉의 커피 머신. 집에서 카페 기분을 느낄 수 있는 편리한 물건.

장 콕토의 독특한 필치로 그린 모티브가 천장에서 지켜보고 있다. 시대와 국적이 다양한 가구와 오브제가 배치되어 있는 예술적인 느낌의 살롱. 색상은 흰색, 검은색, 그레이로 통일했지만, 리모델링할 때 벽난로와 창틀을 빨간색으로 칠해 포인트를 주었다.

선반에는 주인의 개성이 담겨 있다

선반을 고르는 법, 두는 장소, 장식하는 물건과 꾸미는 방법은 집주인에 따라 천차만별이다. 자세히 들여다보면 각자의 흥미, 유머, 그리고 그간의 인생까지 발견할 수 있다.

만들어진 장소와 시대가 제각각인 컵들이 빼곡히 모여있다. 좋아하는 수집품을 격자로 칸막이한 목제 선반에 넣어 장식했다.

1. 원래는 의료기기를 넣어 두는 선반. 손님이 글라스 등을 자유롭게 넣었다 뺐다 할 수 있도록 설치했다. 손님이 많이 오는 집의 주인다운 배려다.
2. 빛을 반사하는 유리 튜브가 아름다워 캐비닛 자체에서 아우라가 뿜어져 나온다. 파리의 아티스트 작품으로, 다른 하나는 K.라거 펠트가 소장하고 있다. 귀한 리모주 도자기 같은 소중한 물건을 여백과 함께 장식하고 있다.

도심의 오래된 건물 한 층을 쓰고 있는 부부. 쇼와시대(1926년 12월 25일~1989년 1월 7일 - 옮긴이) 초기의 식기장은 황갈색이던 것을 집에 어울리도록 검정으로 다시 칠한 것. 안에는 눈썰미 좋은 두 사람이 여행지나 자주 가는 갤러리에서 구입한 그릇을 진열했다.

미술에 조예가 깊은 디자이너의 집. 엄선한 외국 서적은 창의력을 자극하는 보물. 칸마다 테마를 정해 꾸미고 흰색 슬라이드 도어로 그날의 기분에 맞는 칸을 오픈해 감상한다.

식기장 위에는 미니 사이즈의 헝겊 인형. 남편이 귀엽다며 올려둔 것. 유머를 더해 각 맞춰 정렬한 덕분에 유치한 느낌을 주지 않는다.

요리사의 다이닝에 있는 책장. 요리책과 외국 서적을 책등 표지의 색깔별로 진열하고 곳곳에 화분을 장식했다. 책으로 멋있게 인테리어를 한 좋은 예이다.

러그와 쿠션으로 포인트를 주다

창가에 세련된 느낌의 무지 스타일 커튼을 달고, 러그와 쿠션으로 포인트를 주는 경우가 많아지고 있다. 컬러의 힘은 상상 이상! 한 번 바꿔보는 건 어떨까?

세컨드 하우스의 거실. 무기질적인 회색 바닥에 〈H.P.DECO〉에서 구입한 패치워크풍의 러그. 무늬가 화려하지만 색감이 다운되어 있어 겉돌지 않는다. 유머러스하고 강렬한 인상의 쿠션이 재미있다.

1

2

1. "인테리어를 바꾸는 것은 그리 거창한 일이 아니에요."라고 말하는 이 방의 주인. 심플한 침실에 깐 킬림(중동 지역에서 사용하던 수공으로 만든 융단. 거친 양모로 만들며 파일이 없는 것이 특징-옮긴이)이 아늑함과 따뜻함을 준다. 직사각형의 긴 러그는 사용하기 편하다.
2. 파우더 룸에도 다양한 색상의 킬림 느낌 나는 러그를. 페인트 가게에서 세 번이나 색깔을 배합한 후에 함께 칠한 애플 그린 색 벽과 잘 어울린다. 무늬의 힘으로 활력이 생기는 힐링 공간이 되었다.

(IMPORT RUGS & CUSHIONS)

전통적인 무늬와 고유한 풍경을 세련되게 배열

"양탄자나 베니와렌(모로코의 전통 러그) 같은 자연스러운 느낌을 주는 제품이 인기 있어요. 앤티크나 중고 제품이 아니라면 툴레몽드 보샤르(TOULEMONDE BOCHART)(이하 〈TB〉) (프랑스), 오데가드(ODEGARD) (미국)를 추천합니다. 전통적인 무늬를 세련된 배열과 질 좋은 소재로 표현해 편안함을 줍니다." (첼시 인터내셔널 아키모토 사유리 씨.→ P167)

1. 파리에서 인기 있는 〈TB〉의 'Empreinte rug'. 색과 무늬가 심플하다.
2. 고유한 분위기를 풍기는 기하학 무늬 'CASBAH'.
3. 〈오데가드〉의 모든 카펫의 원산지는 네팔. 사람의 손으로 빗질하고 실을 뽑은 히말라야산 고급 양모 파일을 사용해 손으로 짠 완전 핸드메이드 제품. 식물 염료의 섬세한 색조도 매력.
4. 아프리카 항구에 가득 찬 배를 그린 'Rug Africa'. 둘 다 〈TB〉.
5. 퍼블릭 탑 브랜드 〈짐머앤로드 ZIMMER & ROHDE〉 디자인의 화려한 쿠션. 원단의 가장 매력적인 부분을 사용했고 술 장식(프린지)에도 신경 썼다. 뒷면은 예쁘게 컬러를 맞춘 무지이며, 같은 무늬의 쿠션 2개를 앞뒤로 두는 것만으로도 고급스러운 코디를 할 수 있다.

식물의 넘치는 생명력은 보는 이의 마음을 치유하고 에너지를 발산합니다. 집 안 곳곳에 센스있게 식물을 배치하여 생동감 넘치는 공간을 만들고, 식물에게 꼭 필요한 햇살과 바람을 잘 활용하여 최고의 공간을 만들어낸 이들.
실내의 대형 화분, 미니 화분, 아파트 베란다 가든 박스, 센스있는 꽃장식에 이르기까지. 멋진 식물 라이프를 즐기며 사는 집을 보여드립니다.

CHAPTER 2

식물 라이프

BIG PLANTS
큰 화분이 있어 마음이 편해진다

| 나무 그늘 밑에서
책을 읽는 듯한 편안함
[스즈키 씨 집]

소파 옆에는 밝은 색 잎을 가진 휘카스 움베르타. 대형 식물은 사람 키보다 높고 아랫부분에 잎이 없어야 소파와 잘 어울리고 키우기도 쉽다. 나무 그늘에 앉아 창가에 펼쳐지는 바다를 내려다보는 듯한 특등석이다.

23년간 소중히 가꿔온 거대한 움베르타

[아오야기 씨 집]

'햇볕처럼 모두에게 평등하게 주어지는 것들을 소중히 여기며 살고 싶다'는 라이프 크리에이터 아오야기 씨. 상상을 초월하는 크기의 휘카스 움베르타는 집을 보호해주는 상징적인 존재가 되었다. DIY를 곁들여 프로방스풍으로 리노베이션한 다이닝이 아늑하게 느껴진다.

> 야생의 분위기가 느껴지는
> 식물 조합으로
> 생동감이 넘치는 공간
>
> [호시나 씨 집]

특색있는 잎 모양으로 인기가 높은 몬스테라 등 소파 뒤에 큰 화분 몇 개가 놓여있다. 창가의 생명력 있는 풍경을 통해 에너지를 얻는다. 밤이면 조명에 비친 식물 그림자도 예쁘다. 소파와 사이드 테이블 등의 가구는 〈알플렉스 재팬(ARFLEX JAPAN)〉.

BIG PLANTS

키우기 쉬운 휘카스 계열

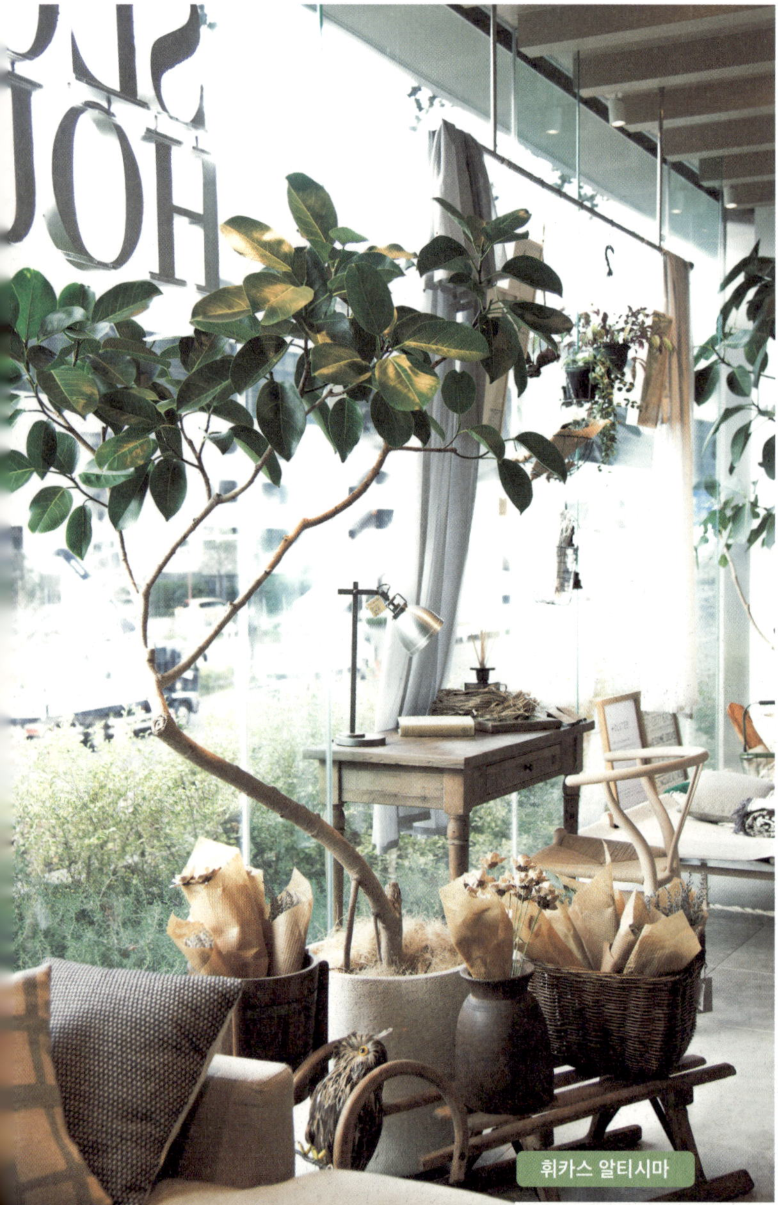

"최근 들어 인테리어 라이프 스타일 샵에서도 식물이 단골 아이템이 되었어요. 쉽게 말라 죽지 않는 휘카스계 식물을 추천합니다. 고무나무 계통이므로 튼튼하고 키우기 쉬우며 잎의 색과 모양이 튀지 않아서 인테리어와도 잘 어울려요.

휘카스 알티시마와 휘카스 움베르타가 대표적이지만 그 밖에도 같은 계열에 특색 있는 수종이 많아요. 기존 식물을 요즘 감각에 맞게 세련된 비율로 키워 판매하는 경우도 많아졌고요. 대형 식물은 특히 가구와의 균형이 중요해요. 화분도 다양해져서 코디하는 게 즐거워요." 〈MICAN〉 랜드스케이프 디자이너 노리 히데다카 씨.

휘카스 알티시마
원래는 잎이 녹색이지만, 녹색 잎에 황색 점이 있는 품종도 인기. 역동적인 모습이다.

· 기르는 법 ·

1. 장소
볕이 잘 드는 곳 ~ 밝은 그늘. 그늘에서도 잘 견디지만 원래는 햇빛을 좋아하는 식물이므로 레이스 커튼을 단 창가처럼 밝은 장소에 둔다. 한여름의 직사광선은 피한다.

2. 관리 방법
계절이나 실내 환경에 따라 다르지만 열흘에 한 번 정도 물을 준다.

3. 기타
뿌리가 썩어 죽는 경우가 있다. 물을 너무 많이 주거나 화분 받침대에 물이 고인 채로 두는 것은 금물. 키우기 쉽지만 환기도 하지 않고 방치하는 것은 좋지 않다.

휘카스 움베르타

적당한 크기의 하트 모양 잎과 밝은 컬러로 부동의 인기를 누리고 있다.

휘카스 암스테르담

개성 있는 수형(樹形)으로 만들기 쉬운 휘카스계. 대부분의 휘카스계와는 달리 길쭉한 잎이 아래로 늘어지는 것이 특징이다.

휘카스 자바 고무

아름다운 엽맥이 뻗어 있는 잎에는 가는 털이 나 있고 회백색 줄기도 아름답다. 균형을 이루며 한쪽으로 기울어져 자라므로 코너 쪽에 두면 좋다.

휘카스 블랙

통칭 '흑고무나무'. 검정에 가까운 광택 나는 잎이 강한 인상을 주어 멋있기 때문에 인기가 많은 품종이다.

MINI PLANTS
미니 화분 장식하는 법

1 유리 그릇 컬렉션에 에어플랜트를 함께
왜건에 올려 둔 유리 그릇과 함께 있는 것은 크세로그라피카. 공기 중의 수분을 흡수해 흙이 없어도 자라기 때문에 이런 장식에 최적이다. 사이즈가 커서 에어플랜트의 왕이라고 불린다.

2 관리하기 쉬운 다육식물 모아 심기
통통한 잎은 세덤 계통을 모듬 심기한 것. 개성이 강한 다육식물인데 밝은 색을 섞어 여러 종류를 모듬 심기했더니 우아한 느낌이 난다. 화분은 〈아스티에 드 빌라트〉.

3 진짜와 가짜 다육식물을 섞어 월 행잉
구슬 같은 구체의 잎이 귀여운 그린 네크리스. 벽이나 선반 위에서 늘어뜨리기에 효과적이다. 윗부분은 가짜 다육식물. 월 행거는 산겐자야 '그린 핑거즈'.

4 손이 많이 가지 않는 선인장계 '립살리스'를 책장에
삼림성 갈대선인장이라 직사광선에 약하므로 창가나 밝은 그늘에서 키운다. 여러 종류 중에서 윤기 나는 '립살리스 메셈블리안 테모이데스'를 선택했다. 한 달에 2~3회 물을 준다.

1 물에 흔들리는 시원한 조류(藻類)와
모던한 수초를 즐기는 법

모던한 느낌의 커다란 유리 그릇에 물을 가득 담고 수중 식물인 조류를.
물 속에서 흔들리는 수초의 모습과 빛을 받아 빛나는 수면도 예쁘다. 왼쪽의 넓적한 유리 그릇에는 금붕어가 헤엄치고 있다.

2 요리할 때 방해되지 않도록
주방에는 행잉 식물

세미 오픈 키친에는 가벼운 마크라메 행잉 바구니에 화분을 걸어두면 요리할 때 방해가 되지 않는다. 일하다 문득 고개를 들어 식물을 보는 순간 힐링이 된다.

3 화장실에는 허브 부케를 풍성하게

손님맞이용 꽃을 현관이나 거실이 아닌 화장실에 두는 것도 서프라이즈. 문을 열면 민트와 센티드 제라늄의 상쾌한 향기가 은은하게 풍긴다.

BOXING GARDEN
가든 박스로 할 수 있는 것들

안길이 약 1.2m의 아파트 베란다.
이곳을 푸른 식물로 가득 채운다면 거실
에서도 한층 더 편안함을 느낄 수 있다.
크고 작은 가든 박스가 멋진 해결책이다.

_촬영 협조 : 가라나라노키

늘 푸른 메인 박스와 계절마다 다른 꽃이 피는 시즌 박스로 1년 내내 생기 있는 베란다를 자랑하는 가토 씨 집. 물푸레나무와 무늬 있는 밝은색 아이비 등 키우기 쉬운 상록 식물로 채웠다. 외벽 쪽에 너비 1.3m의 메인 박스를 두었는데 안길이가 40cm라서 동선도 자유롭다. 어떤 공간이든 크고 작은 가든 박스를 잘 활용하면 푸르름을 즐길 수 있다.

계절 꽃과 한해살이풀은 작은 시즌 박스에

❶ 사랑스러운 작은 장미, 그린 아이스. 꽃봉오리일 때는 연한 핑크, 피기 시작하면 흰색, 활짝 피면 녹색으로 색이 변하는 것을 즐길 수 있다.

❷ 스마트한 자태로 청자색 꽃을 피우는 베로니카. 작은 박스는 겹쳐 쌓아서 키를 높일 수도 있다.

❸ 키 큰 아가판투스와 지피식물인 푸미라로 높낮이 차이를.

다른 베란다에는 '의자와 테이블'을 감싸듯이 배치. 서재 창문 너머로 푸르름을 즐길 수 있도록 창 높이에 맞춰 박스를 만들고 속새와 양치류 식물을 심었다. 그리고는 '의자와 테이블'을 둘러싸듯이 큰 화분에는 물푸레나무를, 앞쪽 화분에는 맥문동 등을 배치했다.

GARDEN GOODS

1. 박스 정원에 한두 점의 예쁜 화분이나 새장 같은 소품을 두어도 재미있다.

2. 인테리어를 바꾸거나 옮겨심기 할 때 이동하기 쉽고 안전하도록 박스에 스토퍼가 달린 바퀴를 달았다.

EASY GARDEN
누구나 할 수 있는 그린 인테리어

1

**너비 70cm × 안길이 30cm의
작은 박스로 할 수 있는 것들**

가구를 놓고 동선을 확보하면 남는 면적이 줄어든다. 하지만 작은 박스로도 얼마든지 식물의 존재감을 줄 수 있다. 양치류, 맥문동, 푸미라, 아이비, 듀란타 라임 등의 녹색 식물에 오렌지색 꽃이 피는 칼랑코에와 크리스마스 로즈.

2

**바닥재와 박스의 색을
실내 컬러와 맞춰 일체감을**

좁은 베란다를 넓어 보이게 하는 비결은 실내와의 일체감. 실내 바닥재와 우드 데크의 색, 실내 가구와 박스 및 정원 가구의 색을 맞춘다. 소파에 앉았을 때 풍경이 넓어 보여 마음이 편안해진다.

3

**실내에도 식물을 두어
안팎이 연결되는 느낌**

침실 창가의 책상에서도 식물을 감상할 수 있도록 실외기 위쪽에 가든 박스를. 책상 위에도 작은 화분을 놓으면 실내, 베란다, 창밖으로 이어지는 생기 있는 풍경을 매일 만끽할 수 있다.

4

드라이 에어리어에는 음지에 강한 식물을 골라 세련된 박스 정원을

이 공간을 만든 이는 디자이너 테라이 미치히로 씨. 양치류와 엽란 등 예로부터 일본에서 자라던 식물을 중심으로 조화롭게 배치해서 매혹적인 섀도 박스 정원을 만들었다.

※ 드라이 에어리어 : 건물 주위에 판 도랑으로 폭 1~2m, 지표면에서 깊이 2~3m, 외측에 옹벽을 설치한 것.

양치류의 종류는 100가지 이상 아름다운 초록의 그러데이션

1. 양치류는 100종 이상으로 다채롭다.
2. 습지대에서 흔히 볼 수 있는 곧게 뻗은 속새도 양치식물. 오랜 기간 꽃을 볼 수 있는(12~4월) 시크한 컬러의 크리스마스 로즈도 함께.
3. 앞쪽의 박스에는 무늬 접란과 홍콩 야자. 양치류와 아이비를 심은 뒤쪽의 박스는 각도를 바꿔가며 감상할 수 있도록 바퀴를 달았다.

WINDOW GARDEN
방에서 보이는 풍경을 내 손으로 만든다

창가에서 싱싱한 초록 풍경을 볼 수 있다면…. 창틀을 액자 삼아 풍경 만드는 법을 터득한다면 집의 아늑함도, 일상의 기분도 훨씬 좋아질 것이다.

세로로 긴 작은 창이 있다면 절호의 기회다. 드라마틱한 윈도우 가든을 만들기에 가장 좋은 장소.

| 루버가 포인트인 멋진 정원

가든 박스만으로도 창가에 녹색 풍경을 만들 수 있지만 시선을 차단하고 싶거나 더 많은 초록을 감상하고 싶다면 덩굴 식물을 위한 루버를 달아보는 건 어떨까?

키 큰 식물로 모던한 뷰를

Before

어딘지 모르게 쓸쓸해 보이는 창가. 왼편 안쪽으로 뒷마당 벽이 보이는 것도 신경 쓰인다.

After

늘씬한 키에 마디가 적당한 포인트 역할을 하는 속새. 잎과 잎맥의 색과 모양에 특징이 있는 컬러 리프 중에서 메탈릭한 광택이 나는 스트로빌란테스를 선택하면 모던하고 세련된 느낌을 준다. 가림막으로도 안성맞춤이라 왼편 안쪽의 벽도 눈에 거슬리지 않는다.

GARDEN POINT

1. 베란다의 안길이가 1m만 되어도 설치할 수 있다

루버를 설치한 박스는 창가에서 약 1m 떨어진 위치에 루버의 뒷면이 오도록 두는 것이 레이아웃의 기준.

2. 루버에는 덩굴 식물이 자라도록

루버에는 캐롤라이나 재스민과 핑크 재스민이 줄기를 뻗어 자라고 있다. 봄부터 초여름까지 향기로운 꽃도 즐길 수 있다.

3. BOX는 창과 90도가 되도록 놓는 것이 참신하다

키 큰 식물로 신선한 풍경을 만들 수 있는 새로운 방법. 박스는 창문 높이에 맞춘다. 자택 사이즈와 맞는 박스를 만드는 것이 기본이다.

4. 개성 있는 컬러 리프를 포인트로

잎의 컬러가 다양한 컬러 식물 중에서 모아심기 쉽고 인기도 높은 휴케라. 녹색에 보라색이 섞인 타원형 잎을 가진 스트로빌란테스.

COLUMN 3

한 송이 꽃을 가볍게 즐길 수 있는 아이디어

작고 가는 화병에 꽃 한 송이.
어딘가 심심하다는 인상을 주기도 하지만 한 송이라서
더욱 개성이 돋보이고 화병에 따라 화려하게도
심플하게도 표현할 수 있다. 꽃 한 송이, 줄기 하나로
만들 수 있는 '일상의 꽃 장식'에 대해
플라워 스타일리스트 사토 유미코 씨에게 물었다.

1
꽃이 달린 가지를 예쁘게 잘라 여러 개의 화병에

"사랑스러운 꽃송이와 잎이 달리는 숙근초 스위트피. 꽃이 달린 가지를 예쁘게 잘라 한 송이씩 여러 개의 화병에 꽂으면 즐거워져요. 완연한 봄 분위기를 낼 수 있지요."

꽃꽂이 사토 유미코
플라워 숍과 인테리어 숍 〈이데(ID-EE)〉에서 일했고, 지금은 〈green & knot〉을 운영하고 있다. 공간과 조화를 이루는 꽃과 식물을 제안하며 여러 매체를 통해 활약 중. 집에서 레슨도 하고 있다. 🏠 malus.exblog.jp

2
선반 한쪽의 살림 도구에 난을 꽂는다

"야성적인 멋을 가지고 있어 내추럴한 장식과 잘 어울리는 그릇이에요. 금속성과 잘 어울리는 '반다'라는 이름의 진한 청보라색 난초를 꽂았죠. 오랫동안 감상할 수 있다는 것도 매력이에요." 화병으로 사용한 것은 얇은 티타늄을 이중 구조로 만든 테이블 웨어.

3
계절을 알리는 꽃가지 수면과 그림자까지 즐긴다

보송보송 사랑스러운 꽃이삭이 봄을 알리는 '갯버들'. "자연의 숨결 같은 꽃가지가 봄소식을 가져다줍니다. 봄 햇살에 반짝이는 수면과 아름다운 그림자도 감상할 수 있어요." 덴마크 왕실 납품업체 〈홀메가드(Holmegaard)〉의 유리병과 함께.

4
꽃송이가 큰 달리아는
드레스를 입은 듯 넉넉한 화병에

"작은 꽃만 한 송이로 꽃으라는 법은 없지요. 커다란 꽃송이 하나를 넉넉한 사이즈의 화병에 꽂으면 꽃이 심플한 드레스를 입은 듯 아름다워 보여요. 꽃의 머리 부분만 보이도록 꽂는 것이 포인트예요."

5
가녀린 '줄기'가
공간에서 하늘거리도록

"꽃꽂이를 할 때 간과하기 쉬운 게 줄기예요. 백합과 구근 식물인 류코코리네는 꽃뿐만 아니라 가녀린 줄기도 아름답죠. 줄기가 하늘거리도록 길게 잘라 꽂는 것도 한 송이 꽃꽂이의 묘미예요." 세계적으로 인기 있는 크리스티안 페로션(Christiane Perrochon) 화병에.

6
유리병에 쏙 들어간 한 송이 꽃의
곡선을 온전히 즐긴다

종 모양의 꽃이 고개를 숙이고 있는 듯한 모습이 청초하고 사랑스러워 가드닝으로도 인기 있는 프리틸라리아. "섬세한 곡선이 아름다우니 큰 유리 그릇에 쏙 집어넣고 그 모습을 온전히 즐겨보는 건 어떨까요? 투명한 공간이 있으니 꽃을 감상하기에 더 좋을 거예요."

7
익숙한 꽃을
여러 개의 유리잔에 멋스럽게

"팬지는 집에서 많이 기르는 화초지요. 흔히 보는 꽃도 디자인이 조금씩 다른 여러 개의 유리잔에 꽂아 작은 집합체로 놓고 보면 평소와는 다른 표정을 연출합니다." 겹쳐서 수납 가능한 4개의 와인 잔 '팜하우스 글래스 플레르(Palmhouse glass fleur)'를 이용.

자기만의 방을 갖는 것도 멋있지만, 집안 한 모퉁이에 프라이빗하게 만든 '마이 스페이스'가 집중도 잘 되고 가족을 두루 살필 수 있어 좋다는 사람도 많습니다. 특별한 추억이 있는 의자 하나, 주방 구석에 무심하게 둔 작은 책상, 거실 한쪽에 있는 다용도 테이블….
좋아하는 것으로 채운 나만의 공간에서 행복한 추억을 만들어보세요.

CHAPTER 3

작지만 특별한 '마이 스페이스'

MY FAVORITE SPACE

높이 조절이 가능한 스툴

도야마 유미 씨

"거실 한쪽, 이곳은 제 호기심이 나래를 펴는 곳이에요." 문자를 모티브로 작품을 만드는 문자 미술가 도야마 씨. 다양한 장르의 책이 즐비한 책장에 한쪽 상판을 걸치고 다른 한쪽은 접이식 다리로 받치고 있는 간이 책상이 창작의 베이스.

스툴은 높이를 변경할 수 있으므로 세심한 작업을 할 때 또는 작품을 부감할 때, 각 작업에 적합한 눈높이를 가질 수 있다.

SHOPPING TIP

공산품이지만 우아한 자태

높이가 조절되므로 장소를 골라 마이 스페이스를 만들 수 있다.
'TOLEDO CHAIR' ￥26,000 Ø38.5 × H41~52.5cm (COMPLEX)
주 : SHOPPING TIP의 가구는 참고 상품이며 실제 가구와 동일하지 않다.

MY FAVORITE SPACE

다이닝의 라이팅 뷰로

고보리 기요미 씨

북유럽 빈티지 가구 콜렉터이기도 한 고보리 씨. 작은 손잡이가 달린 수납 가구의 상단을 열면 라이팅 뷰로(writing bureau, 상판을 열면 지지대가 딸려나오고 접으면 자동으로 들어가는 테이블)가 된다.

레시피 연구와 메일 체크를 하며 다이닝에서 잠시 자기만의 시간을 가질 수 있는 곳이다.

"붙박이 수납장처럼 빈틈없는 인테리어가 아니라 약간은 발랄하고 표정 있는 가구가 좋아요."

라이팅 뷰로가 있는 창가의 특등석, 당장이라도 따라하고 싶은 생각이 든다.

"가구를 불규칙적으로 배치하면 집에 리듬감이 생겨요."
식탁 의자 하나를 옮겨 마이 스페이스에.

오른쪽 구석의 스탠드 옆에 있는 심플한 수납 가구가 라이팅 뷰로. 임대주택이지만 가구와 포인트 벽지로 분위기를 살렸다.

SHOPPING TIP

거울이 달려 있으면 쓰임새가 많아진다

1950~70년대 황금기의 북유럽 가구를 리프로덕트한 'H.W.F' 시리즈. 콤팩트한 것도 매력. W80 × D45 × H100cm ¥141,000 (SLOW HOUSE / 액터스)

MY FAVORITE SPACE
다이닝의 워킹 스페이스
사와다 미유키 씨

현재 패션 브랜드 〈TALBOTS〉의 디렉터로 일하는 사와다 씨. 이사하기 전의 집에서는 다이닝 한쪽의 양지바른 창가에 워킹 스페이스가 있었다. 시야가 넓게 트인 이 곳에서 일하면 새로운 아이디어가 떠오를 것 같다.

책상은 식탁과 색을 맞췄고 의자도 다이닝 분위기와 어울리는 오프화이트 원단을 사용. 비좁은 방과는 또 다른 쾌적함이 있다.

소파 앞의 센터 테이블에는 좋아하는 디자이너와 사진작가의 책. 아름답다고 느끼는 물건, 감성을 자극해 분발하게 만드는 물건을 모아둔, 사와다 씨에게는 힘의 원천 같은 곳이다. 독창적인 인테리어로도 매력적이다.

MY FAVORITE SPACE
드라이 에어리어 앞
하기와라 테루미 씨

"아침 식사 후 이곳에서 메일이나 우편물을 체크하고 스케줄 확인을 끝냅니다."

반지하의 드라이 에어리어 앞은 전면 유리창이라 자연광이 들어온다. 책장 앞에 작은 테이블과 의자 2개를 둔 아늑한 공간으로, 여기서 손님과 간단한 미팅을 하기도 한다. 긴장감 없는 편안한 공간이라서 더욱 쉽게 일에 집중할 수 있다.

여러 개의 창을 통해 빛과 녹음을 느낄 수 있는 주방. 개방감과 동시에 계절의 변화를 느끼는 곳이다. "가끔은 의자에 앉아 빗소리에 마음을 달래기도 합니다." 오랜 시간을 보내는 주방이니만큼 이렇게 기분 전환할 장소가 더욱 필요하다.

탈출하고 싶을 때는 주방 옆의 이 자리로. "좁은 집이라도 이런 반 옥외 공간이 있으면 집에 깊이가 생기고 즐거워져요."

주방 한구석에는 영국의 전통 있는 가구업체인 〈얼콜(ERCOL)〉의 의자와 미니 테이블.

"여기 앉아 음식 재료를 손질하기도 해요. 혹은 책을 읽거나 정성껏 내린 차를 마시지요. 건축가로서의 바쁜 일상 속에서 잠시 느긋한 시간을 보낼 수 있는 곳이죠."

가끔은 가족들이 여기에 앉아 주방에 서 있는 아다치 씨와 시간을 보내기도 한다. 이곳에 어울리는 스탠드와 차 도구가 편안함을 말해준다.

MY FAVORITE SPACE

주방에 둔 의자 하나

아다치 에쓰코 씨

MY FAVORITE SPACE

색깔로 영역을 나누다

미쿠모 요코 씨

가족이 모여 살다 보면 서로의 물건과 취향이 뒤섞이게 마련이다. 그렇기에 '한눈에 알 수 있는 구분의 규칙'이 필요하다고 말하는 미쿠모 씨.

"남편과 저는 각자의 서재를 가질 공간이 없어서 침실 책상을 공유하고 있어요. 파일과 박스의 디자인은 같지만 저는 빨강, 남편은 검정이에요. 영역과 정량을 정해 각자의 공간을 유지하고 있어요."

고등학교 교장, 미용전문학교 이사장인 미쿠모 씨. "이곳은 일하는 공간이라서 빨강과 검정으로 선명하게 색깔을 구분했어요." 책상은 미쿠모 씨가 대학 때 주문해 지금까지 쓰고 있는 애장품.

MY FAVORITE SPACE

로프트를 아틀리에로

야마모토 미호코 씨

오페라 등의 무대 의상을 디자인하는 미호코 씨. 직접 실을 뽑아 멋진 의상을 만들어낸다.

애초에 창고 용도로 만든 거실 위의 3평 남짓한 로프트가 지금은 미호코 씨의 아틀리에. 대형 직조기, 직접 실을 뽑아 염색한 실, 그리고 직물과 복식에 관한 서적이 빼곡히 꽂혀있다.

"많이 좁지요? 하지만 좋아하는 것으로만 채워진 농밀한 '나만의 공간'이기에 이곳에 있으면 마음이 놓여요." 자기다움을 찾고 지속적으로 성장하는 곳, 그런 행복한 공간이다.

벽 쪽에는 철제 파이프로 짜 맞춘 시스템 가구 〈에렉타(ERECTA)〉의 작은 책상을. 아이디어를 형상화해 줄 색연필도 멋있게 대기하고 있다.

MY FAVORITE SPACE

이동 가능한 다용도 테이블

에가와 하루코 씨

〈PARTY DESIGN〉을 운영하고 있는 에가와 씨. 세미나나 파티로 많은 사람을 자주 초대하는 거실이지만 동시에 서재이기도 하다.

"큰 사이즈의 가구가 아니라 상황이나 기분에 따라 이동이 가능한 아담한 가구를 애용해요."

그중에서도 자유롭게 변환해 쓸 수 있는 것이 〈나이토 공예〉의 90cm × 60cm의 테이블. 소파 옆의 장식대로도 쓰고, 2개를 나란히 놓아 책과 자료를 여유롭게 펼 수 있는 너비 1.8m의 넓은 책상으로도 쓴다. 소파 뒤쪽이 의외로 아늑한 공간이라고 한다.

SHOPPING TIP

벽에 붙여서, 가구 뒤쪽에, 절묘한 사이즈

콘솔 테이블 '블랙'. ¥110,000~ , W87×D32×H44cm, 스툴 '퍼치' (둘 다 알플렉스 재팬)

COLUMN 4

허둥대지 않고 웰컴 세팅하는 법

손님을 초대해 즐거운 한때를 보내려면 장식과 소품을 어떻게 사용해야 하는지 그 비결을 모았다.
환영의 마음을 전달할 수 있는 '힘을 빼야 할 곳과 힘을 줘야 할 곳'에 대한 손 쉬운 힌트를 공개한다.

철제 바구니에 소담한 장식을

가볍게 차를 마시는 자리에도 꽃이 있으면 대접받는 기분이 든다. 키 낮은 작은 부케도 철제 바구니에 넣으면 볼륨감 있어 보인다. 〈PARTY DESIGN〉을 운영하는 에가와 하루코 씨의 아이디어다.

나뭇가지로 테크닉 없이도 멋지게

향이 좋은 리씨 쿠베바(Litsea cu-beba)는 초봄을 알리는 대표적인 나뭇가지. "몇 시간 물이 없어도 싱싱하므로 웰컴 샴페인 트레이에 몇 줄기 꽂아둡니다.
사랑스러운 크리스마스 로즈나 장미 한 송이를 더하면 훨씬 화려하죠. 와인 쿨러 표면에 그 모습이 비치면 한결 더 풍성해보여요." (에가와 하루코 씨)

음료수 옆에 귀여운 서프라이즈

"저희 집은 역에서 조금 걸어야 하기 때문에 손님이 도착해 바로 목을 축일 수 있도록 테이블에 탄산수와 컵을 준비합니다."(에가와 하루코 씨)
재미로 함께 둔 것은 뽑기 기계에서 뽑은 잘생긴 미니 조각상. 손님들의 대화도 활기를 띤다.

모던한 찬합에 과자를

프로듀서 와타나베 미쓰코 씨는 테이블에서 자주 말차를 대접한다고 한다. 그럴 때면 유리 작가 피터 아이비의 모던한 찬합을 활용한다. 산뜻한 나무와 유리의 조화. 과자가 작은 미술품 같다.

접대 스타일에 맞는 도구 준비

손님용 커트러리는 여러 개의 오동나무 상자와 오동나무 쟁반으로 만든 바퀴 달린 수납함에 보관. "손님들이 각자 필요한 것을 골라 사용하도록 합니다."
(와타나베 미쓰코 씨)

원하는 만큼 즐기도록, 편하고 예쁘게

"과자나 간식을 먹을 때는 음식을 개인적으로 나누지 않고 푸짐하게 담아내 원하는 만큼 즐기도록 하는 스타일이에요"(고보리 키요미 씨).
콤포트와 푸드돔을 사용해 높낮이에 차이를 두었고 식사에 방해 되지 않는 허브 꽃을 장식했다.

무알코올 과일 칵테일을 셀프로

"술을 드시는 분이나 못 드시는 분이나 화사한 향을 즐길 수 있도록 허브 드링크와 페리에, 깎은 과일을 쟁반에 담아 셀프로 드시도록 합니다."(고보리 키요미 씨)
영국의 허브 음료 '유기 코디알'의 엘더 플라워와 진저를.

웬만해서는 볼 기회가 없는 것이 다른 사람의 옷장. 하지만 늘 고민이 많은 곳이기에 정말 궁금하고 보고 싶은 곳 아닐까요? 패션을 생업으로 하는 전문가들의 멋스러움을 유지시켜 주는 공간을 특별히 공개합니다.
오랜 시간 걸쳐서 만들어온 스타일과 짧은 시간에 멋지게 외출 준비하는 아이디어를 엿볼 수 있습니다.

CHAPTER

4

아름다운 백스테이지, 옷장

주방, 드레스룸, 파우더룸으로 이어지는 아이디어 공간

자체 브랜드를 운영하며 가족을 돌보는 데도 최선을 다한 다는 디자이너 야마키 씨. 눈코뜰 새 없이 바쁘지만 옷차림도 언제나 빈틈이 없다.

"저희 집의 핵심부는 2way 드레스룸이에요. 리노베이션으로 주방과 드레스룸 사이의 벽을 제거하고 주방, 드레스룸, 파우더룸으로 이어지는 동선을 만들었어요. 요즘은 가스레인지도 그렇고, 타이머 달린 조리기구가 많아서 자리를 비워도 되는 시간이 의외로 많아요. 스트레스 받지 않고 여기저기 움직일 수 있어 꽤 많은 일을 할 수 있죠. 특히 아침 식사를 준비하면서 외출 준비까지 할 수 있어 편리해요."

시간 활용을 효과적으로 할 수 있는 인테리어 아이디어다.

야마키 타즈코 씨
패션 디자이너, 프로듀서

〈de TiTi〉 오너 겸 디자이너로 주얼리와 전통 의상을 취급. 2014년에는 중년 여성을 위한 의류 브랜드 〈haori de TiTi〉를 런칭했다.

주방과 드레스룸 사이에 미닫이문을 달았다. 드레스룸 오른쪽 구석에는 파우더룸으로 이어지는 문이 있다.

코디네이트에 필요 이상의 시간을 들이지 않도록 아이템 별로 확실히 분류.

1. 차 모임이나 식사 모임 등 기모노를 입을 기회가 많으므로 포장한 기모노를 한눈에 알아볼 수 있도록 포장지 끝에 기모노와 같은 색의 리본을 붙여두었다.
2. 기모노의 소품은 계절감이 있으므로 색깔과 계절별로 분류. 아크릴 플레이트로 블록을 만들어 두었으므로 쉽게 꺼내 기모노와 맞춰볼 수 있다.
3. 체인과 컬러 스톤 등으로 분류해 코디네이트 하기 쉽도록.
4. 부드러운 화이트로 통일한 침실. 벽면에는 〈카시나 익스씨(Cassina ixc)〉에서 판매하는 캐비닛을 나란히. 그림은 후지타 쓰구하루의 고양이 연작이다. 애묘인 야마키 씨다운 선택이다.

좌우 대칭의 수납장은 주문 제작한 것. 여닫이문 옷장에는 장갑 등의 소품을, 거울 속에는 화장품을.

패션은 나의 인생
투명한 수납으로
찾기 쉽고 소중하게

"고급스럽고 베이직한 옷에 모자와 장갑 등으로 트렌드를 더하는 것이 제 스타일이에요."라는 패션 디렉터 하기와라 씨. 그 스타일을 잘 보여주는 곳이 바로 이 공간이다. 침실 벽 한 면에는 흰색의 단정한 옷장.

    문을 열면 오른쪽에는 봄 여름용, 왼쪽에는 가을 겨울용 옷과 모자가 수납되어 있다. "제가 좋아하는 모자는 모양이 망가지지 않도록 정해진 위치에 놓아둡니다."

    패션의 포인트가 되는 장갑을 잃어버리지 않도록 앞판이 투명한 서랍에 보관. "이렇게 예쁘게 정리해 놓는 것만으로도 기분이 좋아지고, 소중히 다루게 됩니다."

| **하기와라 테루미 씨**
패션 디렉터 | 파리, 밀라노 등의 컬렉션을 취재해 패션지 등에 기사와 칼럼을 기고. 2018년에는 자체 브랜드 〈ten〉을 런칭. |

1. 앞판이 유리로 된 3개의 서랍에 예쁘게 정리한 장갑. 숄은 접는 방식과 둘 곳을 고민한 끝에 선반(가동식)에 수납. 소품류를 한눈에 볼 수 있다. 자기만의 스타일이 확립되어 있는 사람만이 가질 수 있는 옷장이다.
2. 동물 문양, 퍼, 가죽 등의 가을 겨울용 모자. 고급스러운 옷맵시의 양념 같은 존재.
3. 봄 여름용 선반에는 우아한 말총과 밀짚 소재의 시원한 모자가.
4. 발레 슈즈와 실버 샌들을 실내화로 애용.

왼쪽의 오픈 선반에는 빈티지 데님 등 애용품을. 맞은편에는 가방과 화장품류. 창가에는 향수를. 드레스룸이 좋아하는 것으로 가득한 멋진 장소임을 실감케 한다. 안쪽에는 행거용 봉을.

고민 끝에 완성한 캐주얼한 드레스룸은 집에서 가장 좋아하는 곳

우아한 캐주얼 스타일을 잘 소화해내는 프로듀서 우라노 씨. 빈티지 아파트를 리노베이션한 이 집에서 그가 가장 좋아하는 곳이 바로 이 드레스룸이다.

"이전에 사무 공간으로 쓰던 곳인데, 선반과 봉을 설치했어요. 데님 같은 캐주얼 아이템은 오픈 선반이 제일 편해요. 한눈에 다 보일 뿐 아니라 예쁘게 수납하는 게 습관이 되죠. 덕분에 옷을 오래 사랑하게 되었어요."

스툴에 앉아 사방의 좋아하는 옷들과 행복한 시간을 보낼 수 있는 수납 공간, 그 이상의 장소다.

| **우라노 다카코 씨**
(주)TAU 대표
프로모션 커뮤니케이션즈 / 프로듀서 | 13개국에 있는 패션 명문학교 〈에스모드〉, 150여 년의 역사를 가진 영국 신발 〈그렌슨〉과 신진 디자이너까지 폭넓게 PR 프로듀싱하고 있다. |

옷가게 스타일의 상자+선반 수납으로 쾌적한 옷장

"수납 가구나 서랍은 생각보다 물건이 많이 들어가지 않아요. 오랫동안 옷 가게를 하고 있는데, 가게처럼 선반과 상자를 이용해 수납하는 게 가장 합리적이에요."

침실 한 모퉁이의 협소한 공간이지만 선반과 상자, 행거랙을 적소에 배치해 유연성 있게 수납했다. 액세서리는 수납공간 안쪽 벽에 핀으로 고정하거나 오브제 위에 놓는 등 재미있게. 패션도 인테리어도 평생 유지하는 게 아니라 지금의 감성에 맞추는 게 즐겁다고 말하는 이시하라 씨다운 공간이다.

이시하라 사치코 씨
패션&인테리어 프로듀서

의식주를 취급하는 〈sabby genteel〉의 오너였고 8년 전부터 해변에서 산다. 최근 저서는 《해변의 리노베이션, 나는 역시 바닷가에 살고 싶었다》(가도카와 출판).

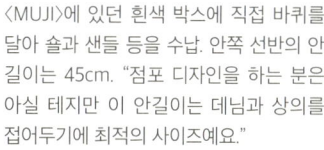

〈MUJI〉에 있던 흰색 박스에 직접 바퀴를 달아 숄과 샌들 등을 수납. 안쪽 선반의 안길이는 45cm. "점포 디자인을 하는 분은 아실 테지만 이 안길이는 데님과 상의를 접어두기에 최적의 사이즈예요."

수납장을 만들게 된 것은 소중히 모은 가방 때문. 높이가 있는 가방은 수납하기가 어렵고
헝겊 주머니에 넣어 보관하면 잊어버리고 잘 사용하지 않게 된다.

7.5평 크기의 방에 직접 세세한 부분까지 디자인해 만든 너비 약 6.5m의 옷장.

큰 주얼리 박스로
아끼는 물건을 보이도록 수납

자녀가 독립한 후 방을 어떻게 재활용할지는 중년 세대의 관심사 중 하나. 좀 더 자기답게 지내기 위해 후쿠오지 씨가 선택한 것은 '꿈같은 드레스룸'이다.

"일반적인 수납장은 백이 제대로 들어가지 않는 경우가 많아요. 백과 주얼리는 여자에게 일종의 꿈같은 것이므로 그것들을 장식하듯 수납할 수 있는 드레스룸을 디자인했어요." 가방 장식장 내부에 천을 대고 조명을 다는 등 아름답게 보이도록 고민한 흔적이 곳곳에 보인다.

특히 눈에 띄는 것은 커다란 주얼리 박스. <AHKAH>의 아카이브적인 작품도 많아서 저의 지난 행보를 느낄 수 있는 곳이에요."

후쿠오지 아케미 씨
AHKAH 설립자

미국 보석감정사 자격을 가지고 있다. 1997년 주얼리 브랜드 <AHKAH>를 설립해 순식간에 인기 브랜드로. 딸 아야노 씨도 크리에이티브 디렉터로 활약 중.

1. 현관 옆 신발장. "정리를 광적으로 좋아해요. 기분이 좋아지고 시간 낭비를 줄일 수 있으니까요."
2. 패션의 완성인 신발까지 코디할 수 있도록 큰 거울 앞에 가로 세로 50cm의 대리석을. 바닥 난방을 위해 매립하지 않고 유일하게 타협한 부분.

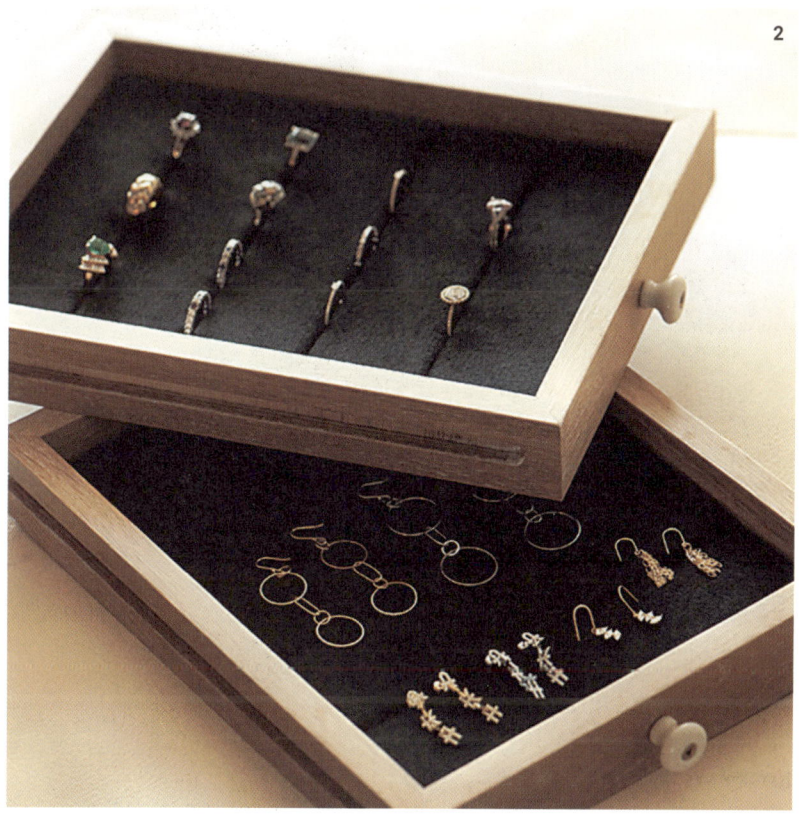

1. 뷰로의 벽 쪽에는 작은 격자 선반.
2. 서랍 안쪽에 천을 덧대 아끼는 반지와 귀걸이를.
3. 디테일이 우아한 서랍은 통째로 빠지는 주얼리 케이스.
4. 문 안쪽에는 목걸이가 얽히지 않게 수납할 수 있는 바(bar)를. 골드 바에 흰 가죽을 감아 미끄러지지 않도록 고안.

[소품 수납]

패션 소품을 수납하는 요령에서도
개성이 드러난다.
눈이 즐거워지고 기분도 좋아지는
멋진 방법을 살펴보자.

1 뉴욕 길거리에서 산 엠파이어 스테이트 빌딩 오브제에 형형색색의 뱅글을. 그날 기분에 따라 향수와 함께 선택.

2 가네코 구니요시의 판화와 〈MUJI〉의 군더더기 없는 디자인으로 롱셀러가 된 코트 걸이. 심플한 스타일이 느껴지는 코너이다.

3 긴 목걸이는 흘러내리지 않도록 어깨 부분에 홈이 패인 옷걸이에. 액세서리 브랜드에서 무료로 받은 것인데 모자라는 것은 철사로 직접 만들었다.

4 침실 한쪽의 전신 거울 옆은 패널과 후크로 만든 액세서리 코너. 거울과의 거리도 중요하게.

5   장갑과 퍼 머플러는 〈IKEA〉의 멀티 유즈 행거 '컴플리먼트'에. 〈IKEA〉의 수납 아이템은 훌륭한 것이 많다.

6   반지 보관함은 도쿄 빅사이트에서 1년에 몇 번 개최하는 골동품 마켓에서 발견한 것. 일본 제품으로 저렴한 가격에 횡재한 것이라고 한다.

7   빈티지풍의 후크를 2단으로 설치해 매일 쓰는 모자와 가방을 보관. 실용적일 뿐 아니라 인테리어 효과도 있다.

8   옷장 문 안쪽에도 후크를 달아 가방과 머플러를. 특별한 수납 아이템이 없어도 벽을 활용하는 법부터 터득해보자.

몰테니(Molteni)

방 한쪽에 세련된 쇼케이스를

옷이나 가방 등의 패션 아이템이 쇼케이스처럼 아름답게 보이기를 고집하는 이탈리아 몰테니 사의 '글리스 마스터(GLISS MASTER)'. 다이내믹한 유리문을 비롯해 다채로운 종류의 도어 핸들 디자인, 고도의 기술로 실현된 다양한 기구는 옷장의 영역을 넘어섰다. 아름답고 쾌적한 삶에 대한 무한한 고집이 엿보인다. 알플렉스 도쿄.(→P162 참고)

[시스템 옷장의 현재]

아름다운 드레스룸을 만들기 위해 알아야 할 시스템 수납.
랙 하나에서부터 꿈 같은 대형 제품까지
옷 입는 것은 물론이고,
옷 정리 하는 시간까지 즐겁게 만들어 줄 것이다.

포로(porro)

디테일 덕분에 옷 입는 것이 즐거워진다

수납 가구를 메인으로 제작하는 이탈리아 〈porro〉. 디테일에 대한 고집이 특별하다. 경첩, 나사, 레일 등 수납 가구에 필수적인 부품을 겉으로 드러내지 않는 차분한 디자인.
셔츠의 형태가 망가지지 않도록 한 장씩 넣을 수 있는 서랍과 가방용 선반, 안쪽에 천을 덧댄 시계용 미니 수납함 등 패션의 나라다운 장치도 있다. 문 내부의 마감재도 선택의 폭이 넓어 자택에 어울리는 색상을 고를 수 있다. 에 인테리어즈(ê interiors) / 보피데파도바 도쿄(BoffiDePadova_Tokyo)(→P162 참조)

ip20 Einrichten

**사용감 좋은 독일제 시스템
재사용(reuse)도 지원**

1974년 발매 초부터 커다란 모델 변화가 없는 〈ip20 Einrichten〉는 설치 완료 후에도 추가 주문이나 이설이 가능한 것이 매력이다.
추후 플래닝 지원을 통해 다른 형태로 재조립하거나 같은 소재를 추가하는 등 최선의 형태로 업데이트해가며 계속 사용할 수 있다. 사용감 좋은 철물로도 정평이 나 있다.
에스프리블랑(EspritBlanc) 도쿄도 미나토구 기타아오야마 3-10-2 후쿠모토 빌딩 1F

비초에(vitsoe)

**선반 한 장부터 벽 전체까지
영국에서 온 멋스러움**

비초에가 1960년 이후 지속적으로 제작하고 있는 '유니버설 쉘빙 시스템(Universal Shelving System)'.
E 트랙이라 불리는 알루미늄 지주를 벽에 설치하고 캐비닛 등을 다는 시스템. 방 한쪽에 옷 선반 하나만 설치할 수도 있고 벽 전체를 책장으로 만들 수도 있다. 인터넷이나 전화로 플래닝을 의뢰하면 드로잉과 예산안을 보내준다.

🏠 www.vitsoe.com/jp

COLUMN 5

철물의 마법

작은 선반을 만들고 싶을 때 화려한 브라켓이 있었으면.
현관에 어울리는 멋진 후크가 있었으면.
간단한 철물 활용에 능한 인테리어 고수들에게서 사용법에 대한 아이디어를 얻어보자.

다이닝 한쪽에 북유럽 그릇과 조리 기구를 진열한 선반. 〈IKEA〉의 브라켓 '에크뷔 홀(EKBY HÅLL)'에 목제 선반널을 설치한 DIY. 선반 밑에 유리잔 행거를 설치하는 등 철물을 최대한 활용.

집을 지은 후 늘어난 냄비들. 어딘가 수납할 장소를 만들 수 없을까 하다가 주방 창 앞에 선반을 달았다. 옛 사찰의 기둥으로 쓰였던 중량감 있는 판자를 견고한 철물을 이용해 양쪽 벽에 붙였다.

집의 첫 인상을 결정하는 현관. 연보라색 벽에는 손님의 코트나 모자를 걸기 위한 큼직한 더블 후크. 손님을 초대하면 직전까지 요리를 하게 되므로 적당한 때를 봐서 문을 열어 환기한다. 후크에 걸어둔 작은 향주머니의 은은한 향기가 좋은 인상을 준다.

밋밋한 느낌을 주기 쉬운 현관 벽은 연한 블루 그레이로 페인팅하고 심플한 실버 후크를 설치. 편리할 뿐만 아니라 후크에 걸려 있는 계절별 숄이나 가방이 집주인의 개성을 나타내는 인테리어 역할을 한다.

선반널을 받치고 있는 브라켓에 소쿠리 등의 소품을 걸 수 있는 바 + S자 후크를 달았다. 수납하기 쉽고, 바싹 말릴 수 있어 요긴하게 쓰인다.

현관 근처에는 폴 형태의 자전거 행거를. 일반적인 천장고라면 2대를 설치할 수 있다 폴은 상하 텐션으로 고정하는 압축봉 형태도 있다. 아끼는 자전거를 인테리어에 활용.

16년 된 집을 리노베이션할 때, 계단을 안으로 들여 거실이 넓어 보이도록 했다. 섬세한 철제 난간과 어울리는 후크를 복도 벽에 설치해 인테리어의 연결성을 확보.

인생의 시기마다 많은 변화가 찾아옵니다. 단순한 보수 공사가 아니라 앞으로의 삶에 도움이 되어줄 리모델링을 진행한 사례를 소개합니다.
프로의 안목을 가진 설계 사무소 〈FILE〉의 오너 디자이너로부터 '후회하지 않는 리노베이션'에 대해 애정 어린 신랄한 의견도 들어보았습니다.

CHAPTER 5

나를 위한 리노베이션

생활공간은 방 하나. LDK, 침실, 디자인을 고려한 세탁기까지 모두 한 방에 모았다. 조명이 여기저기 흩어져 있어 두 사람의 활동 시간이 달라도 문제 되지 않는다. "둘 다 여행을 좋아하는데, 여기서라면 홀가분하게 살 수 있어요."

REFORM CASE

1
O씨 집

생활 공간을 원룸으로!
편하고 활동적인 라이프 스타일

부부와 아내의 친정 어머니까지 3명이 살던 아파트. 어머니가 요양원으로 거처를 옮긴 후, 두 사람의 앞날을 고려한 리모델링을 고민했다.

"3LDK의 각 방은 물건으로 가득 차 있었어요. 집에서 보내는 시간도 중요하지만 앞으로는 되도록 편하게, 여유있게 살고 싶었어요. 그래서 '올인원'의 방 하나를 생활 공간으로 정하고, 그 방에 한해서는 마감재부터 가구, 패브릭까지 철저히 좋아하는 인테리어로 채웠어요.

대신 다른 3개의 방은 창고방으로 쓰기로 하고, 공사 없이 최소한의 가구를 넣어 사용하고 있어요."

이런 방법도 있구나 싶다. 쾌적하기 그지없고 예산 배분 면에서도 대성공이었다고 한다.

방과 LD를 합쳐 약 14평의 원룸으로. 수납 계획을 세워 설계했고 창고방도 있기 때문에 정리가 매우 편해졌다. 쿨한 색상이지만 원목, 도장, 울 카펫 등 자연 소재로 꾸며 세련된 포근함이 느껴진다.

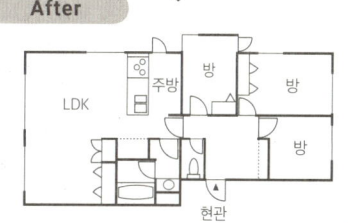

DATA
가족 구성 부부 | **물건** 30년 된 아파트 | **공사 기간** 2개월 반 | **비용** ¥200,000 / 평방미터
설계 FILE "이런 스타일의 평면 요청이 늘어나고 있다."(FILE 담당자)

REFORM CASE

원룸에서는 소재감이 중요

1. "방 안이 한눈에 다 보이므로 가구 색이나 패브릭 등의 소재 선택과 조화에 신경 썼어요. 카펫의 부드러운 감촉도 마음에 들어요."
2. 주방 벽은 인기 있는 브루클린 스타일에서 빠져서는 안 되는 서브웨이 타일.

다용도로 쓸 수 있는 가구를 최소한으로 소유

친구를 자주 초대하므로 스툴이 요긴하게 쓰인다. 테이블(1.1m)에 8명이 앉을 수 있다. 침대나 소파의 사이드 테이블로도 사용할 수 있고 쌓아서 보관할 수 있어 편리하다.

REFORM CASE

**손대지 않은 방은
과감히 창고로 사용**

방 3개는 모두 창고방으로. 주방에 가까운 방은 팬트리. 스웨덴제 벽걸이 수납장 '스트링(String)'만 새로 장만해 깔끔하게 정리. 왼쪽 끝에는 와인용 냉장고.

1. 원룸의 세탁기 위 수납 공간. '스트링'은 다양한 사이즈와 아이템이 있으므로 조합이 자유자재. 가격도 적당하다.
2. 복도는 원룸과 같은 느낌으로. 방은 손대지 않았지만 방문은 교체했다.

REFORM CASE

2
사노 씨 집

정든 집을 카페 스타일로 리모델링
친구들과 같이 즐길 수 있는 집

자녀가 성장한 후에도 집은 예전과 똑같은 경우가 많다. 사노 씨가 17년간 살아온 집의 리노베이션을 결심한 것은 딸이 독립한 후. 남편의 정년도 가까워질 무렵이었다.

"부부가 어떤 생활을 하고 싶은지 생각해봤더니, 망상 수준이지만(웃음), 카페 같은 집을 만들면 재미있을 것 같았어요. 바닥과 문의 마감재를 좋아하는 스타일로 바꾸고, 멋진 수납장을 만들어 지금까지 모아 온 그릇과 소품이 빛을 발하는 공간으로 만들 수 있으면 좋겠다고요. '친구들과 같이 놀 수 있는 집'을 만들면 앞으로 더 즐겁게 살 수 있지 않을까요?"

나중에 카페가 궤도에 오르면 이 집은 가게로 쓰고 다른 곳에 부부의 집을 임대해도 좋을 것이다. 그렇게 한 발 두 발 나아가는 삶을 떠올리는 설렘도 이 리노베이션을 통해 얻게 되었다고 한다.

Before

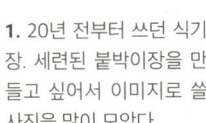

1. 20년 전부터 쓰던 식기장. 세련된 붙박이장을 만들고 싶어서 이미지로 쓸 사진을 많이 모았다.
2.3. 클로즈드 키친. 장식하고 싶은 물건도 이곳에 파묻혀 있었다.
4. 약간 비좁은 느낌이 들었던 LD. 색깔도 바꾸고 싶었다.

DATA
가족 구성 부부 | 물건 16년 된 단독주택 | 플랜 결정까지 약 1개월
공사 기간 약 1개월 | 비용 약 400만 엔 | 디자인 시공 공간사

REFORM CASE

선반 덕분에 '장식'하고 '아끼는' 즐거움이 배가되었다

1. "그릇을 좋아해요. 사거나 제가 만든 것들이죠. 제 인생의 소중한 낙이에요. 지금은 이 붙박이장을 정량으로 생각하고, 여기에 들어가지 못하는 것들은 친구에게 나눠주고 있어요."
2. 주방의 벽 일부를 철거해 카운터를. 천장에 아이언으로 매단 선반은 사노 씨 아이디어. 홍차통을 보관하는 유리 케이스는 〈OLD MAISON〉에서.

생각보다 훨씬 개방감이 느껴져 가벼운 기분

3. LD와 계단의 칸막이 역할을 하던 수납장을 없애 계단을 거실 안으로. 철제 난간도 경쾌한 느낌.
4. 현관도 카페풍. 바닥을 무늬 타일로 바꾸고 미국산 업무용 로커를 신발장으로 사용.

REFORM CASE

3
도야마 씨 집

반려견 때문에 대충 살고 싶지 않다
자연 소재의 집에서 개도 사람도 쾌적하게

"강아지와 함께 사는 건 커다란 만족감을 주지만, 집의 상태는 상상보다 훨씬 나빠져요."

간절히 원하던 대형견과 함께 산 지 약 7년, 벽지는 발톱에 할퀴어 찢어지고 바닥 난방용 합판 플로어링은 물 마신 후의 얼룩과 상처로 참혹하다.

칸막이벽으로 구분된 평면은 서로의 기척을 느낄 수 없고 택배를 받을 때 LD에서 갑자기 개가 튀어나오는 등 안전면에서도 불안했다.

"10년도 안 된 집을 리노베이션 하는 게 좀 빠른 것 같아 주저했는데, 남편도 스트레스를 받고 있었던지 찬성했어요."

부부가 특별히 신경 쓴 것은 시간이 흘러도 매력적인 자연 소재. 회반죽 벽은 조금 울퉁불퉁하게 마감했으므로 반려견의 발톱 자국이 나도 눈에 띄지 않고 덧칠도 할 수 있다. 무엇보다 냄새 제거 기능은 상상 이상이었다.

바닥은 상처가 나도 나름의 멋이 되도록 원목재로. 바닥 난방은 안 되지만 지금은 펠릿 난로로 온기를 채우는 것도 즐거움 중 하나가 되었다. 업그레이드된 생활의 질이 '오감'을 충족시켜준다고 한다.

DATA
가족 구성 부부, 딸, 강아지 3마리 | **물건** 13년 된 단독주택 | **플랜 결정까지** 약 3개월 | **공사 기간** 약 3개월
비용 약 1,135만 엔(1F과 건물 외부) | **설계 시공** 스타일 공방

반려견을 지켜볼 수 있는 2way 오픈 키친

다이닝룸에서 본 주방. 벽을 없애 오픈 스타일로. 오른편 안쪽을 통해 현관으로 곧장 나갈 수 있다. 이전에는 사각지대가 많아 반려견이 잘 보이지 않았는데 그 고민도 해소되었다. 밝은 주방에서 대화도 늘었다.

• FOR OUR DOGS •

반려견과 안심하고 함께 살기 위해 한 일

"소중한 생명을 맡아 함께 살아가기 위해 집을 정비하는 것은 가족 구성원의 삶의 질을 높여주기도 하지만 동시에 반려견에 대한 일종의 책임이라고 생각합니다."라고 말하는 도야마 씨. 지금뿐만 아니라 가까운 장래에 대형견의 간호가 필요해질 시기도 고려했다고 한다

❶ 정원의 발 씻는 곳에 온수가 나오므로 겨울에도 스트레스가 없다.
❷ 계단 아래 환풍기를 설치한 강아지 화장실. 눈에 띄지 않는다.
❸ LD와 현관의 경계는 개가 열지 못하는 미닫이문.
❹ 벽은 냄새 제거 효과가 있는 회반죽 벽. 리드용 후크도 설치.
❺ 현관홀은 쉽게 물로 씻어낼 수 있는 타일로.
❻ 모두가 기분 좋은 생활을 만끽하는 중.

REFORM CASE

4
하시모토 씨 집

전문가의 힘과 DIY로
좋아하는 색상과 수납으로

주방 옆방의 벽을 철거하고 구글에서 찾아낸 도야마의 창호점 〈라일〉의 루버 미닫이문을 시공업체에 의뢰해 설치.
카운터에는 접이식 테이블과 수납 공간을 달았다.

"남편이 찾은 신축 아파트는 접근성도 좋고 우리 집으로는 흠 잡을 데가 없었지만, 광택 나는 문이 무기질적이라 제 취향이 아니었어요. 하지만 새집을 부수자니 일도 커지고 비용도 꽤 많이 들 것 같았어요. 고민 끝에 저도 공사에 참여할 각오를 하고, 절대 양보할 수 없는 주방 주변만 리노베이션 하기로 했어요."

다행히 친절한 시공업체를 만나 그들과 공동 작업으로 계획이 진행되었다. 우선 주방 옆방의 벽을 철거하고 직접 고른 미닫이문으로 공간을 확장. 주방 옆방의 수납장은 내부 상자를 그대로 사용하고 문과 칸막이 재료만 새로 구입해 직접 페인트칠해 마감했다. "고생도 재미있었고, 예산 내에서 마음에 드는 인테리어를 할 수 있어 좋았어요."

DATA
가족 구성 부부, 아들 | **물건** 신축 아파트 2LDK + DEN
비용 약 150만 엔 (시공업체 비용, 직접 구입한 재료비)

직접 페인트를 칠하고 손잡이를 단
오리지널 그릇 수납장

수납장 안의 기본 틀은 그대로 살리고 서랍과 칸막이를 끼워 넣어 리모델링. 요리연구가의 도구, 그릇, 조리기구를 깔끔하게 수납. 문은 '벤자민 무어' 페인트. "손잡이는 인터넷에서 최소 단위로 구입해 질감을 확인한 후 필요한 개수를 주문했어요."

REFORM CASE

5
A 씨 집

모자이크 타일이
아름다운 다기능 키친

1층 주방은 이 집의 중추다. 벽면에는 업무용 가스레인지와 오븐 등 전문적인 설비가 갖추어져 있다. IH 인덕션과 싱크대가 있는 아일랜드는 일상적인 작업대일 뿐만 아니라 가벼운 식사를 하고, 가족이나 손님과 즐거운 시간을 보내는 중요한 장소다.

뒤쪽의 모자이크 타일도 예쁜 주방을 만드는데 일조했다. 심플한 장식 선반에는 그때그때 자주 쓰는 일용품을 올려놓고 즐긴다.

1. 아일랜드는 안쪽도 바깥쪽도 수납공간이 넉넉하다. 창가의 둥근 테이블은 가족 식탁.
2. 쇠주전자와 화과자 나무틀, 오래된 도자기와 칠기 등을 올려놓은 선반 덕분에 주방에서 보내는 시간이 더욱 즐거워진다.

REFORM CASE

6
가타야나기 씨 집

너무 새것 같은 느낌이 싫어서
프렌치 빈티지풍 선반으로 리모델링

"리모델링은 집을 보살피는 것이죠. 살면서 2~3년에 한 번씩 나에게 맞게 조금씩 손보는 게 즐거워요."

신축으로 입주한 아파트의 거실 벽에는 새로 만든 오픈 선반이 있었다.

"번들거리는 소재가 아파트의 몰개성적 느낌을 부각시키는 것 같아 마음에 들지 않았어요. 안정감이 느껴지는 감촉이면 좋겠다 싶었어요."

에이징 가공으로도 유명한 〈FILE〉에 상담하여 가구와 잘 어울리는 빈티지풍 선반을 계획했다. 이전에 침실 벽의 도장을 의뢰한 경험이 있어 대화는 잘 통했다. "공사가 시작되면 기술자들과 잘 지내도록 하세요. 현장에서 직접 보니까, 도장 컬러 조정 같은 작은 요청 사항도 잘 들어주시더라고요."

반려견 뒤로 보이는 것이 기존의 하얀색 오픈 선반. "안길이가 얕아 사진에서처럼 책을 장식하는 것 말고는 쓸데가 없었어요."

DATA
가족 구성 부부, 개 1마리 | **물건** 신축 아파트 | **미팅 횟수** 1회(샘플 확인은 별도)
공사 기간 4일 | **비용** 약 100만 엔 | **디자인 시공** FILE

REFORM CASE

수납 가능한 여닫이문 등 세심한 아이디어

1. 문은 유리가 아니라 에이징 가공한 그물로 빈티지한 느낌을 더했다. 여닫이문은 슬라이드 방식으로 수납할 수 있다.
2. 선반 내부는 스모키 블루로 도장. "다음에는 보라색으로 칠할지도 몰라요."

REFORM CASE

전문가가 이야기하는 후회없는 리노베이션
각 리노베이션 회사의 장점과 단점을 이해한 후 선택하자

FILE 대표 이시카와 게이코 씨

리노베이션의 성패를 결정하는 것은 자신의 요구에 부합하는 좋은 인테리어 회사를 고르는 것이다. 취재 중에 만난 많은 이들로부터 '알게 되어 천만다행'이라는 소리를 듣는 FILE의 대표, 이시카와 게이코 씨에게 후회 없는 리노베이션의 비결을 물었다.

외부 디자이너가 참여한 집을 자사 홈페이지에? 인터넷 시대의 미필적 고의

"모두 놀라시겠지만, 리노베이션 회사에는 자격이란 게 필요 없습니다. 옥석이 섞여 있는 가운데서 파트너를 선택할 때 우선 생각해야 할 것은 자신이 원하는 리노베이션의 수준이에요. 브랜드 업체의 카탈로그에 실려있는 기성품의 조합을 원하는지, 좀 더 독창적인 디자인이나 소재에 신경 쓰는지.

전자라면 대형 제조업체의 계열사가 적합하고, 후자라면 보다 자유로운 설계와 디자인을 하는 회사가 적합합니다.

잡지나 홈페이지를 통해 실적을 보시겠지만, 여기서 주의해야 할 것은 '설계·디자인'과 '시공'은 다르다는 거예요. 개중에는 디자이너의 하청으로 시공한 건을 자사 실적으로 올리는 경우도 있습니다.

디자인이 마음에 들어 선택했는데, 미팅해보니 생각하는 디자인이 전혀 나오지 않았다…… 이런 불만을 가지고 상담하러 오는 분도 적지 않아요. 설계와 디자인을 자사에서 했는지 질문하는 게 매우 중요합니다."

견적보다 이야기가 통하는 업체인지 확인하는 것이 중요하다

일을 받는 입장에서 난처한 경험을 한 적이 있나요?

"고객이 현명한 방법이라고 믿고 있는 '견적비교'를 할 때죠. 여러 회사에서 견적을 받는 것인데, 여기에는 일반인은 알 수 없는 맹점이 있어요.

예를 들어 저희는 주방과 제작 가구 등을 모두 주문에 따라 만들기 때문에 타사가 동등한 품질의 견적을 내기 어렵습니다.

하지만 업계에서는 디자인과 재질에 대한 세세한 차이를 별로 설명하지 않아요. 플로어링 소재만 보더라도 원목, 베니어판, 화장 시트지가 있고, 목재의 종류와 두께에 따라 다양한 등급이 있는데, 견적서의 품번으로 거기까지는 알 수가 없고 작은 샘플만 봐서는 판단하기가 어렵지요.

바닥과 벽의 마감재는 깔끔하게 했지만, 벽의 내부나 누수 보수 공사는 비용에 들어 있지 않은 등 가격만 보고 판단하면 자기도 모르는 사이에 공사의 질이 떨어지는 경우가 비

일비재해요. 그럼에도 불구하고 꼭 '견적'으로 비교 검토하고 싶다면 플랜과 마감재의 수준을 직접 정해 의뢰하는 것이 올바른 방법입니다. 하지만 중요한 것은 직접 만나서 대화할 때 알아들을 수 있는지의 여부입니다. 자신의 직감에 따를 필요도 있다고 생각해요."

그럼 이시카와 씨가 생각하는 진행하기 쉬운 고객과 진행하기 어려운 고객은 어떤 분인가요?

"예산 안에서 조정이 가능한 고객과는 일하기가 쉬워요. 일정한 예산 안에서 이것저것 다 하려고 하면 어정쩡해지니까요. 반대로 힘든 경우는 세세한 부분까지 본인이 결정하는 분이에요.

물론 '이런 점이 불편하다'거나 '이런 식으로 하고 싶다'는 요청은 적극적으로 말씀하시는 게 좋습니다만, 품번까지 미리 정해놓으면 큰 흐름에서 이탈하게 되는 경우가 있고, 진심으로 프로의 제안을 원하는 것인지 곤혹스러워지기도 해요. 결정을 못 내리고 자꾸 변경을 요청하는 분도 힘들어요."

마지막으로 리노베이션을 하기 전에 명심해야 할 일이 있다면 알려주세요.

"대부분은 수납과 관련된 것인데, 리노베이션만 하면 집이 깨끗해질 것이라 생각하는 건 안타깝지만 환상이에요. 저희는 상담의 첫 단계로 고객의 댁을 방문해 물건을 함께 정리합니다.

과감하게 처분하고 나면 리노베이션을 하지 않아도 되는 장소가 생기기도 하니까요. 일단 공간을 객관적으로 보기 위해 사진을 찍어 보는 건 어떨까요? 간과하고 있던 것이나 눈 돌리고 있던 것이 보이기 시작하고 다음 행동을 하게 되는 좋은 원동력이 될 거예요."

1. 평면과 관련해서는 어떤 식으로 살고 싶은지를 말하는 것이 중요하다. 제안 능력이 있는 업체라면 반드시 응답해 줄 것이다.
2. 바닥, 벽, 천장, 주방, 가구 등의 마감재는 반드시 실물을 확인할 것. 확인을 게을리했다가 생각하지도 못한 비닐제 걸레받이를 설치하게 되었다는 실패담도 있었다.

FILE 도쿄도 오타구 덴엔초후 2-7-23
file-g.com

COLUMN 6

리메이크를 즐기다

오랜 세월을 함께 한 가구가 퇴색한 듯 느껴지거나 현재의 인테리어와 기분에 맞지 않는다면 손질을 좀 해보는 건 어떨까? 수리하는 게 아니라, 보다 자기다운 물건으로 재탄생시키는 리메이크에는 '설렘'이라는 재미가 있다.

Remodel

낡은 자전거의 목제 부품과 원형 거울을 조합해 그림을 그려놓은 듯 즐거운 벽면을 만들어냈다.

FROM PARIS

카트린 레뷔 씨. 시골렌 프레보아와 함께 디자인 유닛 〈체체 어소시에〉를 결성. 퐁피두 센터에 그의 작품이 영구 소장되어 있는 세계적으로 인기 있는 크리에이터이다. 아오야마 〈H.P.DECO〉에서 그의 작품을 만날 수 있다.

인테리어는 '리메이크'를 추구
파리의 크리에이터 방은 아이디어의 보고

카트린의 아틀리에는 오래된 창고 같은 건물에 있지만, 문을 열면 컬러풀한 팝(pop) 스타일의 보물상자 같은 세계가 펼쳐진다. 인테리어뿐만 아니라 패션도 리메이크를 추구한다. 일류 옷가게의 옷도 자기 취향대로 리메이크한다. "저희 집 물건은 여행지에서 얻은 낡은 것이나 파리 길거리에서 주운 것들뿐이에요. 새 가구는 지금껏 사본 적이 없어요."

Remodel **Paint**

1. 길에서 주운 스탠드에 라인스톤 왕관과 눈을 달았다. 간단한 테크닉이지만 유머와 센스에 경의를 표한다.

2. 손때 묻은 목제 의자를 새로 칠했다. 쓰다 버려둔 페인트의 몇 가지 색을 섞어서 독창적인 3가지 컬러를 만들었다고 한다.

Paint

결혼 전 20대 때부터 쓰던 서랍장은 황갈색의 마쓰모토 민예가구. 세컨드 하우스 인테리어에 맞춰 2가지 색의 페인트로 다시 칠해 경쾌한 느낌을 준다.

Cover

파리에서 구입한 의자에는 재봉사에게 주문해 만든 우아한 커버를 씌웠다. 원단에 따라 분위기가 크게 달라지는 것이 커버링의 즐거움이다.

Paint

손님용으로 한쪽에 쌓여있는 것은 프리츠 한센의 세븐 체어. 명작 체어를 검은색으로 칠해 본인만의 스타일로 만들었다.

Remodel

애용하던 오래된 목제 장식장. 모던하고 경쾌한 분위기로 만들기 위해 선반의 상하를 분리한 뒤 특별 주문한 흰 베이스와 상부를 조합하여 자택 카페용으로 재탄생시켰다.

COLUMN 7

에너지와 힐링을 주는 미술품

미술품은 자기다움의 표현이자 에너지와 힐링을 주는 존재. 인테리어 속에서 집안의 '얼굴'이 되기도 하고 집과 조화롭게 어울리기도 한다. 센스가 뛰어난 집을 엄선했다.

힘 있는 작품은 여백과 함께 둔다

현관에는 구사마 야요이의 1980년대 귀중한 작품. 작품의 독특한 분위기를 마음껏 느낄 수 있도록 주위를 여백으로 채웠다.

장식하기 쉬운 경쾌한 입체 작품

미술과 건축 서적이 즐비한 책장 위에는 스페인을 대표하는 보석 디자이너 호아킨 베라오(JOAQUIN BERAO)의 철사 조형물. 붓으로 그린 듯한 매혹적인 형태이다.

방에 장식할 수 있는 설치 미술

아오야마 골동품 거리의 패션 브랜드 〈turkle-turtle〉을 운영하는 요네다 요시코 씨. 벽면에는 마리오 메르츠(Mario Merz)의 설치미술. "옷이든 인테리어든 이론대로만 따르지 말고, 마음으로 좋다고 느껴지면 남들이 깜짝 놀랄만한 것이라도 시도해보세요."

거울에 미술품을 비추는 테크닉

집을 넓어 보이게 하는 거울. 미술품이 거울에 연속적으로 비쳐 매혹적인 공간을 연출한다. 미묘하게 차이 나는 회색 벽도 작품을 돋보이게 한다.

조명까지 신경 쓴 웰컴 아트

현관의 웰컴 아트는 뉴욕의 사진작가 부르스 데이비슨(Bruce Davidson)의 작품. 퍼블릭한 곳에는 이야기를 나눌 수 있는 작품을 둔다. 리노베이션 시 작품의 위치를 미리 정해 월워셔(wall washer : 수직 벽면에 균일한 조도의 빛을 비추는 기법 - 옮긴이) 다운라이트를 설치했다.

컬러를 맞춰 대담한 작품도 조화롭게

바다가 한눈에 들어오는 단독주택을 리노베이션해 남편과 둘이 살고 있는 스즈키 후미에 씨. 2층 LD에 장식한 강렬한 느낌의 미술품은 숀 알렉산더의 작품. 런던의 갤러리에서. 인테리어에 참고한 것은 영국의 '바빙튼 하우스'와 마이애미의 '호텔 델라노'.

부부가 각자 현관까지 따로 만든 집에 산다면? 가족이 아닌 친구와 함께 산다면? 주택이 아닌 빌딩에서 산다면? 틀에 박히지 않은 주거 방식을 시도해보고 싶다면 쾌적함이나 안정감과는 어떻게 타협해야 할까요?
실제 집의 디테일을 다듬어 가는 노하우가 있을까요? 새로운 스타일로 만들어 낸 세 집에서 그 힌트를 찾아보기 바랍니다.

CHAPTER
6

새로운 주거 방식

부부 집 현관. 멋진 복도로 들어서면 좌우에 각자의 현관이. 디자인은 〈FILE〉. 정원 가꾸기가 취미인 안주인은 복도 끝 막다른 곳에 작은 장미 정원을 계획 중이다.

NEW LIFESTYLE

1

현관까지 따로 만든 각자의 공간
그래도 저녁 식사는 함께

W 씨

부부에게 꼭 맞는 '자유'를 위해 만든 집

"두 아이가 독립하고 나니 집이 애물단지가 되었어요. 보이드 구조의 거실과 다이닝, 아이들 방, 좋아하지만 관리하는데 시간이 필요한 정원 등. 집에 에너지를 소모하고 싶지 않아서 작은 집으로 새로 짓고 싶었어요."라고 말하는 부인.

가족 회의 후, 자택의 부지를 3분할하여 부부의 집, 결혼한 딸 가족을 위한 집, 그리고 임대용 독채로 아담하게 3채의 집을 짓기로 했다.

여기까지는 간혹 있는 이야기인데, 흥미로운 것은 부부의 집이다. 현관이 각각 따로 있다. "제 아이디어예요(웃음). 앞으로는 각자 원하는 방식대로 살아도 좋지 않을까 해서요."

1층과 2층은 부인, 3층은 남편의 공간으로, 주방과 욕실도 전부 별개로 완전히 독립되어있다.

"다행히 남편은 오랫동안 해외 생활을 한 터라 독립적인 편이에요. 식사 준비나 자기 주변 관리는 스스로 할 수 있어서 흔쾌히 동의해주었어요. 제 공간은 오랫동안 제가 꿈꾸던 스타일로 만들었어요."

남편에게 묻자 "부부라도 각자의 세계가 있으니까요. 미국의 넓은 집은 같은 현관을 쓰지만, 각자 방과 화장실이 넉넉

부인의 세면실 손잡이. 디테일 하나까지 자신의 취향대로 만든 집은 여자들의 꿈.

해서 개인 시간을 보낼 수 있잖아요. 그것과 같은 느낌이라 특별한 일은 아니라고 생각했어요. 그냥 나가고 싶을 때 나가고 들어오고 싶을 때 들어올 수 있으니까 편하고 좋아요." 하지만 둘 다 집에 있을 때는 저녁 식사를 함께 한다고 한다. 아침, 점심, 저녁이 아니라 저녁 식사만 함께 한다는 것이 신선하다.

"요즘은 남편보다 딸이 더 자주 놀러와요. 오롯이 혼자 사는 건 외롭지만 지금 같은 생활은 안정감과 자유를 모두 누릴 수 있어 아주 쾌적해요." 언젠가는 두 곳 중 한쪽을 임대할 수도 있는 미래지향적인 집이다.

1. 부인의 공간. 1.2F 세면 공간을 화장대처럼 꾸민 것이 매력. 베란다도 같은 바닥재를 써서 넓어 보인다. 여기서부터 드레스룸과 침실로 동선이 연결된다. **2.** DK 옆의 약 3평 크기 썬룸. 보태니컬 아트를 취미로 즐긴다. **3.** 1F의 다이닝 키친 **4.** 3층의 남편 공간. 주방 딸린 침실과 널찍한 서재, 그리고 달을 볼 수 있는 욕실과 세면실이 있는 평면.

NEW LIFESTYLE
2

소울메이트와의 13년 동거는 정말 귀한 경험이었죠

기리시마 요코 씨와 모리타 게이코 씨 집

각자 가지고 온 물건들이 섞여 있는 거실. 벽에는 장 콕토의 데생. "어른들이 쉴 수 있는 공간이 기본이에요. 아이의 장난감이 나와 있으면 '미안하지만, 플라스틱 물건이 있으면 편하게 쉴 수가 없어요'라고 스스럼없이 말씀해주시는 용기가 좋았어요. 아들에게도 예쁜 말로 하나의 인격체로 대해 주시죠. 남편도 대가족 안에서 커서 그런지 순순히 이 생활을 받아들였어요."

존경하는 친구와의 공동생활은 새로운 삶

식물전문가로 활동하는 모리타 씨는 어느 모임에서 작가인 기리시마 요코 씨를 만났다.

의기투합해 서로 왕래를 이어오다가, 이 정도로 기분 좋게 지낼 수 있다면 시험 삼아 같은 집에서 살아보는 건 어떨까 하는 생각으로 동거를 시작했다. 당시 모리타 씨는 44세, 고령 출산으로 장남을 얻은 직후였다.

"남과 함께 산다니까 놀라는 분들이 많았어요. 저희와 요코 씨는 프라이빗 룸은 따로 썼지만 거실과 주방은 함께 썼어요. 외출하지 않는 한 저녁은 함께 먹었죠. 요코 씨가 산지에서 맛있는 식재료를 주문해 주방에서 함께 요리하는 경우도 많았어요. 혈연 관계가 아닌 만큼 서로에게 지나치게 요구하는 일도 없었고, 서로 사랑하고 도와주며 살았어요.

기분 좋게 살기 위한 요소는 사람마다 다르겠지만, 같은 방향을 향해 즐겁게 걸어갈 수 있는 요코 씨라는 타인이 있어서 우리 네 사람은 굉장히 좋은 밸런스를 유지하며 지낼 수 있었어요. 규슈의 저희 친정과 요코 씨의 자녀들과도 왕래를 하기 때문에 가족이 배로 늘어난 것 같아요."

그런 귀중한 13년이 지난 후, 건강에 변화가 생겨 요코 씨는 본래의 가족과 살게 되었다. 그래도 열흘에 한 번은 함께 쇼핑이나 식사를 하러 나가고 하코네로 여행도 다니는 두 사람이다.

"요코 씨는 푸념이나 험담 같은 부정적인 말을 일체 하지 않는 분이에요. 제가 일 때문에 힘들어할 때면 '영화나 보자'고 해요. 거실에서 우스갯소리를 하며 영화도 보고 실컷 웃기도 하죠. '케세라세라'를 외치며 제 기분을 풀어주고 살아갈 힘을 줬어요.

'인생의 화려한 계절을 지나 후반기에 접어들고 보니, 인생의 가장 큰 사치는 진정한 친구를 가진 것이더라'라고 말해주던 요코 씨. 그런 소울메이트 같은 분과 함께 살 수 있었던 것은 지금도 저의 큰 재산이에요."

1. 파리 13대학에서 식물요법학을 공부하고 현재는 살롱, 스쿨, 상품계획 등의 일을 하고 있다.
2. 거실은 요코 씨가 운영하는 어른들을 위한 서당 〈신라학원(森羅塾)〉과 모리타 씨의 식물요법 세미나를 개최하는 장소로도 쓰인다. 게스트를 위한 아름다운 소품도 있다.
3. 요코 씨는 육아를 끝낸 50대부터 골동품을 수집했다고. "나이가 든다는 것은 신의 축복이에요. 세월이 흐를수록 빛을 더하는 골동품을 보면 자극을 받게 됩니다."

NEW LIFESTYLE 3

빌딩의 원룸을 개조해서 재미있는 삶을 시도

이마이 리에 씨

칸막이가 없는 사무실용 원룸을 뉴욕과 샌프란시스코에 살 때부터 애용하던 가구로 센스 있게 조닝했다. 새로 산 것은 〈IKEA〉의 러그뿐. 소파 맞은편에 식탁과 주방이 있고 오른쪽 구석의 서랍장 뒤에 침대를 놓았다.

땅과 집에 따라 인생이 바뀐다! 그 케미스트리로 이어지는 모험

시로카네의 깨끗한 아파트에서 니혼바시의 고풍스러운 빌딩의 원룸으로 이사한 이마이 씨. 친구들은 '왜?'라며 의아해하는데, 대답은 재미있게 살고 싶기 때문.

"결혼해서 28년 동안 남편의 해외 근무까지 포함해 이사를 꽤 많이 했어요. 그런 보헤미안이다 보니(웃음), 땅이나 집의 영향을 받아 우리 삶이 변하는 재미를 경험하며 살았죠. 예쁘게 꾸민 집도 좋지만 조금 허름하고 자유로운 삶을 즐기려면 여기가 딱이라는 생각에 이사를 결정했어요."

오피스 거리의 한 모퉁이, 시간과 함께 운치를 더해가는 견고한 빌딩. 다른 층에서 사진작가 친구가 개인전을 열었을 때 우연히 들렀던 인연이 있을 뿐, 지역적인 연고가 있었던 것도 아니다.

주방도 욕실도 없는 원룸, 어떤 생활이 될지 상상이 안 되는 집이었지만, "뉴욕에서 큰 창고에 사는 분도 봤으니까요."라고 말하는 이마이 씨.

집주인과 협의해 유닛 배스를 설치하고 〈IKEA〉의 거치형 주방을 들여와 생활을 시작했다. 휑한 원룸에서 성인 두 사람이 살기에 불편은 없을까?

식탁 위에는 오랜 세월 모은 꽃병들. 플로리스트 우에노 유지 씨의 책 제작을 위해 집을 개방.

"다소 불편한 건 있지만 즐기고 있어요. 애용하던 가구로 조닝도 했고요. 여기로 이사한 후 제가 응원하는 플로리스트의 작품집을 만들게 되어 이 집을 촬영 스튜디오로 쓰기도 했고, 임시 갤러리를 오픈하기도 했어요. 이 빌딩을 출입하는 크리에이터분들을 비롯해 새로운 사람들과도 관계를 맺는 등 재미있는 일이 끊이지 않아요."

앞으로 더욱 더 자신이 즐거워하는 것을 찾아 모험을 하고 싶다는 이마이 씨에게 이 집은 좋은 파트너이다. 후일담이지만, 이 집에서 6년간 생활한 후 남편의 업무 때문에 교토로 이사를 했다. 사람과 집의 케미스트리를 시도하는 새로운 모험이 시작된 것 같다.

1. 침구는 파리 〈maloup〉. 창문 가리개는 에펠탑 사진을 페인트로 칠한 것. 2. 소파의 맞은편, 철제로 된 주방은 〈IKEA〉. 3. 운치 있는 문이 현관. 검게 칠한 식기장을 칸막이로 활용. 4. 침대가 보이지 않으므로 손님을 초대해도 거부감이 없다.

집 한 모퉁이의 작은 배려

여러 집을 방문하다 보면 집 한 모퉁이의 작은 정성과 마주치는 일이 종종 있다. 이것은 함께 사는 사람이나 방문객, 소중한 친구들에 대한, 그리고 때로는 자기 자신에 대한 작은 배려다.

호기심을 키우는 곳

침대 옆 서랍장 위에 등나무 쟁반을. 이곳에 읽고 있는 책이나 앞으로 읽고 싶은 책을 몇 권 놓아둔다. 호기심을 잃지 않고, 생기 넘치는 마음을 갖게 하는 중요한 장소다.

현관에서 옷매무새를 고칠 때 필수품인 의자

부츠를 신을 때 걸터앉거나, 손님이 코트를 입을 때 짐을 놓아두는 등 옷매무새를 고칠 때 보조 역할을 하는 의자. 액세서리 느낌으로 집주인의 개성을 드러내는 아이템이다.
1. 응회석을 깐 현관에는 가벼운 디자인의 임즈 셸 사이드 체어 DKR.
2. 운치 있는 하이 체어는 짐을 두는 곳으로. 거울도 비슷한 취향으로.

초대 받은 행사 등을 깜빡하지 않도록 핀으로 고정

주방 옆의 벽에는 니시오기쿠보의 <로잔(魯山)>의 주인 오시마 후미히코가 제작한 철판. 친한 갤러리에서 받은 개인전 DM들을 자석으로 고정해놓았다. 보는 것만으로도 즐겁지만, 전시 기간이 짧은 경우가 많아서 여차하면 전시가 끝나버리기 때문에 참석할 기회를 놓치지 않기 위해 낸 아이디어이다.

친구를 소중히 감사 편지 쓸 도구를 LD의 한쪽에

명절이나 맛있는 것을 대접받았을 때 감사의 마음을 전하는 편지. 시간 날 때 바로 쓸 수 있도록 엽서와 애용하는 만년필을 담은 박스를 LD의 한쪽에 놓아둔다.

잠깐 옷매무새를 고치기도 하고 작은 창 같은 개방감도

다이닝룸 벽에는 크기가 다른 거울들. 거울에 비친 모습을 보며 자신을 가다듬는 것이 습관이 될 것 같다. 안길이가 있는 프레임 가장자리에는 네일 오일을 품고 있는 작은 인형. 바깥의 녹음이 거울에 비쳐 창문처럼 개방감이 느껴지는 것도 매력이다.

바구니에 바퀴를 달아 꺼내기 쉽게 만든 배려

세면대(or 파우더 룸)의 세면기 아래는 오픈 선반 수납 공간. <MUJI> 바구니를 이용해 상단에는 수건이나 속옷류, 하단 앞에는 세탁물을. 바구니에는 작은 바퀴를 달아 앞쪽으로 미끄러지듯 움직인다.

반려견의 집도 모던하게

인테리어는 잘 끝냈는데 반려견 하우스가 별로여서 고민하는 경우가 많다. 영국 브랜드의 아크릴제 세련된 하우스. 인테리어를 방해하지 않는 디자인. "손님에게도 자랑하개!"라며 반려견도 분명 만족할 것이다.

INTERIOR SHOP GUIDE

라이프 스타일에 맞춰 토탈 코디네이션이 가능한 곳

INTERIOR SHOP 1
알플렉스 도쿄
히로오

이탈리아에서 탄생해
일본에서 성장한 컴포터블 가구

라이프 스타일에 어울리는 가구로 코디네이트한 거실.

1951년 이탈리아에서 태어나 1969년에 일본으로. '이탈리아 탄생, 일본에서 성장'한 브랜드. 풍요로운 생활이란 '사람이 주인공이고 사람이 중심인 생활'이라는 이념으로 그때그때 라이프 스타일에 필요한 가구를 편리함과 쾌적함을 중시해 제안한다. 소파는 공간에 맞춰 구성을 자유롭게 조합할 수 있는 타입도 많아 사용자에게 적합한 수준 높은 공간을 만들 수 있다. 편안함을 더해주는 작은 가구도 인기. 또한 화분이나 미술품 등 토탈 코디네이트도 가능하다.

앉고 서기에 편하고 주방과 다이닝 주변을 아늑하게 만들어주는 2016년 발매된 카운터 스툴.

• **SHOP DATA** •
시부야구 히로오 1-1-40 에비스 프라임 스퀘어 1F | 〈알플렉스 다마가와〉 〈알플렉스 나고야〉 〈알플렉스 오사카〉도 있음.
www.arflex.co.jp

INTERIOR SHOP 2

에 인테리어즈 | 보피데파도바 도쿄
(è interiors | BoffiDePadova_Tokyo)
미나미아오야마

세련된 브랜드 믹스가 매력

1. 왼쪽에 보이는 건축가 이시가미 준야가 디자인한 예술품 같은 의자는 컬렉터에게도 인기.
2. 〈De Padova〉의 빈티지풍 가죽 소파. 모노크롬의 'Tommaso Sartori'의 작품과 함께.

INTERIOR SHOP
3

칼 한센 & 선 플래그십 스토어 도쿄
(Carl Hansen & Søn Flagship Store Tokyo)

진구마에

**덴마크의 고급 크래프트맨십과
함께 살다**

창업한 지 100년이 넘는 덴마크 가구 메이커. 창시자 칼 한센의 '뛰어난 크래프트맨십과 최신기술의 융합으로 합리적 가격에 질 높은 가구를 제공한다'는 이념이 계승되고 있다. Y 체어를 비롯한 한스 J. 웨그너 가구를 가장 많이 제작했고 모겐스 코흐(Mogens Koch), 코어 클린트(Kaare Klint), 올레 벤셔(Ole Wanscher) 등 디자인 역사에 이름을 남긴 덴마크를 대표하는 디자이너의 가구를 많이 취급한다.

1. 우아한 'MK99200' 폴딩 체어. 프레임은 원목재, 좌석면과 등받이는 캔버스지 또는 가죽으로.
2. 아름다운 외형과 앉았을 때의 편안함까지. 세세한 부분까지 정성이 담겨있다.

• **SHOP DATA** •
〈도쿄〉 시부야구 진구마에 2-5-10 아오야마 아트웍스 1, 2F
2018년 오사카 미나미호리에에 2호점 오픈. 오사카시 니시구 미나미호리에 1-15-22
www.carlhansen.jp

세련된 아티스틱한 브랜드를 취급하는 〈에 인테리어즈 / 보피데파도바 도쿄〉. 항상 새로운 세련됨을 제안하는 가구 브랜드 'De Padova'가 있다. 창시자 마담 데파도바는 뛰어난 심미안을 가진 밀라네제(milanese : 밀라노 사람-옮긴이)의 대표적 존재였다. 주방의 하이앤드 브랜드 'Boffi'의 주방도. 쇼룸에서는 미술품과의 코디네이트도 관전 포인트 중 하나다.

• **SHOP DATA** •
〈아오야마점〉 미나토구 미나미아오야마 4-22-5
www.interiors-inc.jp

INTERIOR SHOP GUIDE

'빈티지 느낌'도 중요한 테마

루카 스칸디나비아

긴자

품격있는 북유럽 빈티지 가구와
공간을 장식하는 미술품을

북유럽의 빈티지 가구를 비롯해 공예품과 회화 등 덴마크를 중심으로 엄선한 물건들을 구입할 수 있다. 쉽게 구할 수 있는 것부터 유명 디자이너의 명품까지 갖추어져 있다. 샵은 작지만 매주 물건을 바꿔 전시한다. 우아한 분위기도 즐길 수 있다.

• SHOP DATA •
추오구 긴자 1-9-6 마쓰오카 제2 긴로쿠칸 1F | TEL : 03-3535-3235 (영업) 12:00~19:00 수요일 휴무
www.luca-inc.com

핀율이 48년에 발표한 암체어. 닐스 로스 안데르센(Niels Roth Andersen) 공방이 제작한 것.

H.P. DECO

진구마에

파리의 에스프리향 소품과
프렌치 빈티지 가구

여성들에게 인기 높은 '아스티에 드 빌라트'의 도자기, '체체 어소시에' 등의 파리 크리에이터들이 만든 인테리어 소품, 스타일과 연대에 구애받지 않고 엄선한 가구, 조명, 미술품 등이 즐비하다. 꿈이 있는 디스플레이는 파리를 여행하는 듯 마음을 설레게 한다. 소품류도 다양하므로 부담 없이 방문하기 좋다.

• SHOP DATA •
도쿄도 시부야구 진구마에 5-2-11
〈H.P.DECO 마루노우치〉: 치요다구 마루노우치 1-5-1 신마루노우치 빌딩 3F
www.hpfrance.com/shop/deco

INTERIOR SHOP 6

pejite
마시코

도장을 벗겨낸 '원목 고가구'
고가구에 새로운 가치를

'이것이 일본 고가구인가?'라는 신선한 놀라움을 느끼게 하는 〈pejite〉의 가구. 메이지(1867년 2월 13일~1912년 7월 30일-옮긴이), 다이쇼, 쇼와 초기에 만들어진 일본 가구의 대부분은 진한 색으로 칠해져 있지만, 대표 니히라 토오루 씨가 이끄는 리페어팀의 독자적인 기술로 도장을 벗겨내 내추럴한 인테리어에 어울리는 원목 형태의 가구로 재탄생시켰다. 고급 목재, 정밀한 제작과 장식 등 당시의 손기술이 더욱 돋보인다. 온라인 숍도 운영하고 있다.

민예의 고장 마시코에 위치한 60여 년 전에 응회석으로 지어진 창고. 가구 외에도 그 지역 작가들의 그릇, 심플하면서도 세심하게 신경 쓴 양복 등 일본인의 손재주를 느낄 수 있는 물건이 즐비하다.

• **SHOP DATA** •
도치기현 하가군 마시코마치 마시코 973-6
근처에는 〈니헤이 고가구점〉도 있다. 마시코의 새로운 명소이다.
www.pejite-mashiko.com

INTERIOR SHOP 7

ACTUS 신주쿠 점
신주쿠

인기 숍끼리 콜라보해 태어난
빈티지풍 가구

가구부터 리노베이션까지 처리하는 라이프 스타일숍 〈엑터스〉. 새롭게 화제가 되고 있는 것은 인기숍 〈카프(karf)〉와의 콜라보레이션으로 태어난 자립형 월 유닛 선반 '뉴보르그(NYBORG)'. 월넛재를 쓰고 선반과 캐비닛의 접합부 철물은 놋쇠를 사용하는 등 북유럽 디자인의 황금기라 불리는 1950~60년대에 대한 오마주를 담은 디자인이다.

• **SHOP DATA** •
신주쿠구 신주쿠 2-19-1 BYGS 빌딩 1,2F
가구 외에도 1F에는 잡화와 식물을 취급하는 코너도 있다. 2F에는 〈엑터스〉가 제안하는 리노베이션 패키지 플랜을 취향별로 코디네이트한 코너도 있다.
www.actus-interior.com

폭 77.5cm의 베이스 캐비닛과 선반(디자인은 모두 4종류)을 자유자재로 조합하는 '뉴보르그'. 폭 232.5 × 안길이 42 × 높이 190cm의 경우 ¥661,000

INTERIOR SHOP GUIDE

인테리어 맞춤 숍

INTERIOR SHOP 8

피즈 리페어 웍스
(Fizz Repair Works)

가키노키자카

가구의 새로운 가능성을 끌어내는 창의적인 '리페어'

"시대가 변하면서 물건을 고쳐 쓰는 일이 '가난'에서 '사치'로 바뀌었습니다. 며칠 전 수리한 의자는 의뢰인의 독일인 어머니가 결혼하신 1920년대 이래로 소중히 간직해온 것인데, 수리한 이력을 보면 얼마나 소중히 여겨왔는지 잘 알 수 있습니다. 수리를 통해 새로운 가능성을 끌어내고 다음 세대로 바통을 넘겨줄 수 있다면 기쁠 것 같습니다(대표 니시하라 히로키 씨)."
가구 수리 전문가가 오랜 세월 쌓아온 노하우로 수리해 소중한 기억까지 계승되고 있다.

가구의 색을 다시 칠하거나 변경하고, 의자를 해체해 다시 조립함으로써 모양과 강도를 재정비하는 오버홀. 의자의 천갈이만으로도 인상이 크게 달라진다. 다리의 장식을 복원하거나 결손·상처 등을 비슷하게 제작하는 선임 조각 스태프의 크라프트 워크, 테이블 리사이즈 등도 가능하다.

• SHOP DATA •
메구로구 가키노키자카 3-1-27 맨션 가키노키자카 1F
www.fizz-r.com

첼시 인터내셔널

미나미모토초

고급 호텔에 들어가는 브랜드로 패브릭을 맞추다

인테리어 패브릭의 '맞춤'에 대해 사실 우리는 많은 것을 모른다. 창가의 풍경을 만드는 커튼은 옷감 선택뿐만 아니라 주름 잡는 방법 같은 봉제 수준에 따라 세련미에 차이가 나고, 소파와 의자의 천갈이도 사이즈와 모양을 살리는 법이 따로 있다. 쿠션 코디 하나에도 유명 호텔과 일하는 이 브랜드만의 노하우가 담겨있다. 오리지널 제품 외에도 매혹적인 해외의 인테리어 패브릭, 포인트가 되는 수입 벽지와 러그도 구비하고 있어 토탈 코디네이트가 가능하다.

1. 패브릭과 벽지의 재미있는 코디네이트. 스트라이프 무늬의 소파 커버, 파이핑(천의 테두리를 바이어스 천으로 감싸 정리하는 방법-옮긴이) 처리된 나뭇잎 무늬 쿠션, 큐트한 벽지는 모두 영국 〈앤드류 마틴〉.
2. 임팩트 있는 쿠션으로 매력적인 방이 되었다. 침대 보드에도 패브릭을.

3. 약 2만 점 이상의 패브릭, 러그, 벽지를 갖춘 쇼룸. 패브릭의 재미를 느낄 수 있다.
4. 재래식 일본종이를 이용해 식물을 묘사한 오리지널 패브릭 '프뤼네(PRUNE)'는 해외에서도 화제. 창가에 아름다운 경치를 만들 수 있다. ¥9,800/m(1.2m폭)

• SHOP DATA •

신주쿠 구 미나미모토 초 4-45. 쇼룸 방문 시 전화나 홈페이지(SHOWROOM→예약)에서 예약하는 것이 가장 편리하다.
www.chelsea-international.com

지금, 집을 업데이트하는 중입니다

20여 년 전 우연히 집을 취재하기 시작하면서, 처음에는 당혹스러운 일의 연속이었습니다. 집이란 개인의 가장 사적인 영역. 어디까지 질문하고 어디까지 말해도 좋은 것인지 알 수 없었죠.

시행착오를 겪으며 마음에 새긴 것은 인테리어를 통해 그 사람이 소중히 여기는 것이 무엇인지를 주의 깊게 파악하자는 것이었습니다. 저희 잡지 〈HERS〉에서 취재한 분들 중에는 자녀의 독립 등으로 생활에 변화가 찾아오면서 '앞으로 어떻게 살아갈까'에 대해 다시 자신을 되돌아보게 된 분도 많았습니다.

묻어두었던 꿈을 되찾기 위해 좋아하는 일이나 새로운 일을 시작하기도 하고, 다시 패션에 열정을 쏟기도 하고, 그와 더불어 자신만의 공간 만들기와 새로운 생활 방식에 도전하기도 하고…….

다양한 경험의 자양분이 있기에 삶의 가시에 새싹도 움트는 것임을 느꼈습니다. 오히려 취재 당시보다 한층 더 자기다운 삶을 꾸려가고 있는 분도 많아서 집이 생의 마지막 보금자리가 아니라 매일 새로운 자신과 함께 업데이트 중임을 느낄 수 있었습니다.

〈HERS〉 연재와 이 책의 제작에 도움을 주신 모든 분, 그리고 무엇보다 소중한 집의 문을 열어 취재에 협조해주신 분들께 고마움을 전합니다. 《나를 담은 집 나를 닮은 인테리어》의 이후 이야기도 진심을 담아 전할 수 있게 되기를 바랍니다.

- 가토 도키코

나를 담은 집
나를 닮은 인테리어

2쇄 펴낸날 2023년 11월 20일

지은이 HERS 편집부
옮긴이 박승희
펴낸이 정원정, 김자영
편집 홍현숙
디자인 김아란

펴낸 곳 즐거운상상
주소 서울시 중구 충무로 13 엘크루메트로시티 1811호
전화 02-706-9452
팩스 02-706-9458
전자우편 happydreampub@naver.com
인스타그램 @happywitches
출판등록 2001년 5월 7일
인쇄 천일문화사

ISBN 979-11-5536-175-7 13590

* 이 책의 모든 글과 그림, 디자인을 무단으로 복사, 복제, 전재하는 것은 저작권법에 위배됩니다.
* 잘못 만들어진 책은 서점에서 교환하여 드립니다.
* 책값은 뒤표지에 있습니다.
* 전자책으로 출간되었습니다.

OTONA NO SHIAWASENA INTERIOR: JOSEI GA KUTSUROGERU IE 40KEN edited by HERS Henshubu
Copyright © HERS Henshubu 2018
All rights reserved.
Original Japanese edition published by Kobunsha Co., Ltd.
This Korean edition published by arrangement with Kobunsha Co., Ltd., Tokyo
in care of Tuttle-Mori Agency, Inc., Tokyo through Botong Agency, Seoul.

이 책의 한국어판 저작권은 Botong Agency를 통한 저작권자와의 독점 계약으로 즐거운상상이 소유합니다.
신저작권법에 의하여 한국 내에서 보호를 받는 저작물이므로 무단전재와 무단복제를 금합니다.